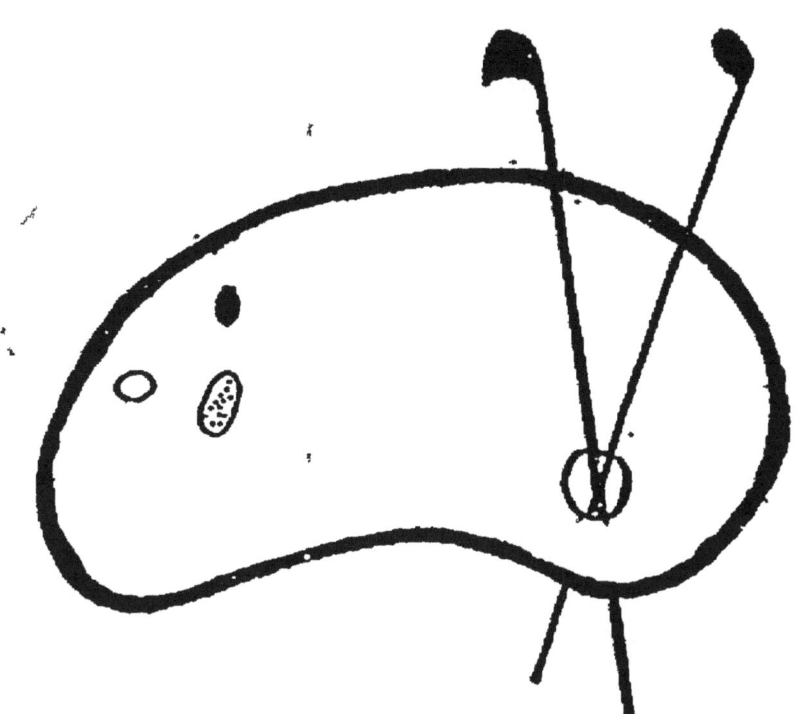

DEBUT D'UNE SERIE DE DOCUMENTS
EN COULEUR

Couverture inférieure manquante

LA
QUESTION DE L'USURE

DEVANT LES CHAMBRES

PAR

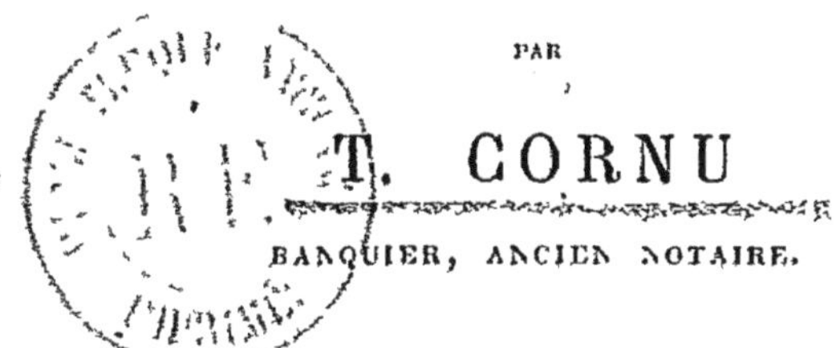

T. CORNU

BANQUIER, ANCIEN NOTAIRE.

PARIS

GUILLAUMIN & Cie, LIBRAIRES-ÉDITEURS

RUE RICHELIEU, 14

1877

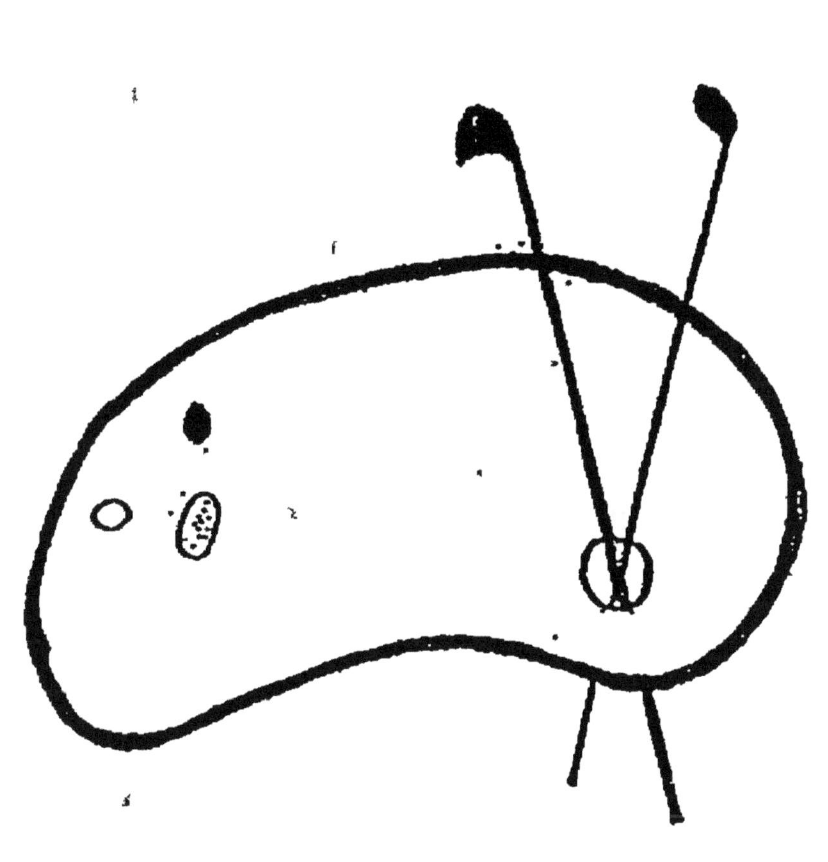

FIN D'UNE SERIE DE DOCUMENTS
EN COULEUR

QUESTION DE L'USURE

LA
QUESTION DE L'USURE

DEVANT LES CHAMBRES

PAR

T. CORNU

BANQUIER, ANCIEN NOTAIRE.

> Plus le gouvernement approche de la république, plus la manière de juger devient fixe; et c'était un vice de la republique de Lacedemone que les Ephores jugeassent arbitrairement, sans qu'il y eût des lois pour les diriger. A Rome, les premiers Consuls jugèrent comme les Ephores; on en sentit les inconvenients, et l'on fit des lois précises.
>
> MONTESQUIEU.
> (De l'Esprit des Lois, Livre VI, Chapitre III.)

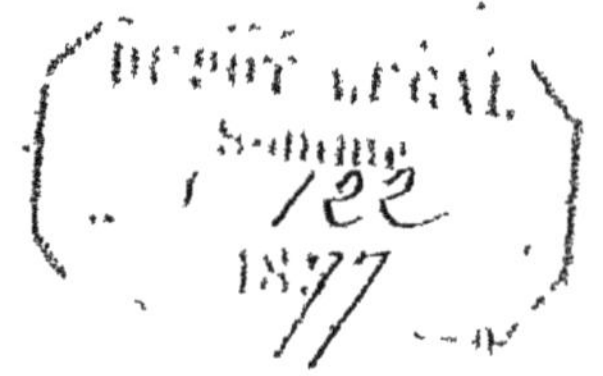

PARIS

GUILLAUMIN & Cie, LIBRAIRES-ÉDITEURS

RUE RICHELIEU, 14

—

1877

LA QUESTION DE L'USURE

DEVANT LES CHAMBRES.

> Plus le gouvernement approche de la répu-
> blique, plus la manière de juger devient fixe;
> et c'était un vice de la république de Lacedemone
> que les Ephores jugeassent arbitrairement, sans
> qu'il y eût des lois pour les diriger. A Rome, les
> premiers Consuls jugerent comme les Ephores; on
> en sentit les inconvenients, et l'on fit des lois
> précises.
>
> MONTESQUIEU.
>
> *(De l'Esprit des Lois,* Livre vi, Chapitre iii.)

Au moment où la Chambre basse vient de prendre en considération la proposition d'un de ses honorables membres, ayant
pour objet l'abrogation de la loi du 3-13 septembre 1807, limitative du taux de l'intérêt de l'argent, il n'est pas inutile de jeter un
coup d'œil sur cette importante question qui a tant agité le monde
ancien et les sociétés modernes.

La loi du 3-13 septembre 1807, qui pouvait présenter une
certaine utilité, à l'époque où elle fut votée, n'a plus sa raison
d'être aujourd'hui.

Elle est en contradiction avec les données de la science économique.

De plus, son application porte une atteinte grave à l'autorité
qui, dans toute société bien ordonnée, doit s'attacher aux décisions de la justice.

I.

APERÇU HISTORIQUE.

Je ne veux pas entrer dans des considérations très-étendues sur le rôle de la monnaie depuis les premiers temps du monde, jusqu'au siècle dernier, berceau de cette science nouvelle que nous nommons l'Economie politique. L'homme, jeté nu sur la terre, pensa d'abord à se nourrir, ensuite à se vêtir et à se construire des abris contre les intempéries des saisons : sa nourriture fut grossière et ses vêtements et ses habitations d'une extrême simplicité. Sa faiblesse individuelle vis-à-vis des autres puissances de la nature donna lieu à cet état de communauté rudimentaire observé par les historiens à l'origine des sociétés, et dans lequel l'homme a joué à peu de chose près le rôle de l'abeille ou de la fourmi; mais, au fur et à mesure du développement de ses facultés intellectuelles, l'idée de la propriété en commun, la seule qu'il avait pu concevoir tout d'abord, et qui s'accordait peu d'ailleurs avec le principe de la liberté individuelle, s'est effacée graduellement devant le sentiment de la propriété personnelle. Alors l'homme a dû penser à l'échange, l'un des premiers phénomènes naturels que nous rencontrons dans l'ordre économique. Il a commencé par échanger les produits de sa pêche, contre le gibier que son voisin avait pu surprendre ou tuer à la chasse et réciproquement. Les premiers trocs ont eu pour objet des marchandises d'une consommation immédiate ou à peu près; mais ce mode primitif n'a point tardé à faire place à un autre système plus conforme aux idées de conservation et de prévoyance si naturelles chez l'homme; on a bientôt recherché parmi ces marchandises celles possédant un certain caractère de permanence, d'utilité générale, une grande facilité de fractionnement, et pouvant par conséquent servir ultérieurement, selon le désir du possesseur, à opérer d'autres échanges. Telle fut vraisemblablement la monnaie première de tous les peuples.

Le bétail, paraît-il, fut à l'origine l'instrument ordinaire des échanges; des bœufs soldaient les achats des Grecs pendant la guerre de Troie, l'armure de Diomède, d'après Homère, en coûtait neuf, celle de Glaucus en valait cent. Si même on remonte au-delà de cet état pastoral, l'une des premières étapes de l'humanité, à l'époque où l'homme encore sauvage connaissait seulement la pêche et la chasse, on trouve des documents historiques desquels il résulte que les peaux et les fourrures formaient la monnaie courante de ces temps primitifs. Combien de pays, du reste, à la fin du siècle dernier, ne connaissaient pas encore la monnaie métallique? Adam Smith, qui écrivait à cette époque, s'exprime ainsi dans son admirable livre de la richesse des nations, en traitant de l'origine de la monnaie. « On dit qu'en Abyssinie, le sel est l'instrument ordinaire du commerce et des échanges; dans quelques contrées de la côte de l'Inde, c'est une espèce de coquillage; à Terre-Neuve, c'est de la morue sèche; en Virginie, du tabac : dans quelques-unes de nos colonies des Indes occidentales, on emploie le sucre à cet usage, et dans quelques autres pays, des peaux ou du cuir préparés ; enfin, il y a encore aujourd'hui un village en Ecosse, où il n'est pas rare, à ce qu'on m'a dit, de voir un ouvrier porter au cabaret ou chez le boulanger des clous au lieu de monnaie. » Si nous en croyons l'un des derniers explorateurs de l'Afrique centrale, M. Cameron, aujourd'hui encore, au cœur de cette contrée, l'esclave est la monnaie du pays : trois chèvres valent un esclave. Une des lettres récentes des compagnons de M. Stanley raconte qu'au centre de l'Afrique, l'argent n'a point de valeur, ce qui s'y vend est à bon marché, mais il faut payer en grains de collier, en drap ou en coquillages (1).

(1) M. W. Stanley Jevons, professeur de logique et d'économie politique au collége Owens, à Manchester, vient de publier un livre intitulé : Money and the Mechanism of Exchange (la Monnaie et le Mécanisme de

Je ne rechercherai pas ici à quelle époque de la civilisation de chaque peuple les métaux ont commencé à servir d'instruments d'échange. Il est hors de doute que l'idée d'employer les métaux pour cet usage est venue naturellement aux habitants des régions où s'exploitaient des mines de cuivre, de plomb, d'argent et d'or, à partir du jour où les échanges ont commencé à prendre de l'importance, parce que ces produits, à raison notamment de leurs qualités d'utilité, de conservation et de divisibilité, se prêtent admirablement à jouer ce double rôle. Les métaux ont donc été d'abord une marchandise comme le bétail, le blé, le vin, et c'est uniquement parce qu'on leur a reconnu des propriétés exceptionnelles qu'on les a employés comme intermédiaires : valeurs proprement dites par leur mérite intrinsèque, ils sont devenus en même temps les signes des autres

l'Échange) qui est un traité complet de l'histoire de la monnaie, depuis les premiers temps jusqu'à nos jours, c'est-à-dire depuis le troc des peaux et des fourrures, jusqu'à notre circulation fiduciaire. Ce livre auquel je ne puis mieux faire que de renvoyer le lecteur, et dont M. de Fontpertuis a esquissé une analyse rapide dans le numéro du 9 septembre 1876 de l'Economiste français, débute par une anecdote humoristique qui, si elle n'est pas vraie, est au moins bien trouvée, et résume sous une forme aussi brève que saisissante, dit M. de Fontpertuis, les inconvénients du mode primitif des transactions humaines : « Mademoiselle Zélie, raconte le savant économiste, cantatrice au théâtre Lyrique de Paris, fit, il y a quelques années, une tournée professionnelle dans le monde, et donna un concert aux Iles de la Société. En échange d'un air de la *Norma*, et de quelques autres morceaux, elle devait recevoir un tiers des recettes; celles-ci comptées, sa part se trouva consister en trois porcs, vingt-trois coqs d'Inde, quarante-quatre poulets, cinq mille cocos, sans parler d'une quantité considérable de bananes, de citrons et d'oranges. Comme le fait remarquer la *prima donna* dans sa lettre spirituelle qu'a publiée M. Wolowski, cette quantité de viande, de volaille et de fruits, portée sur le carreau des halles parisiennes, lui aurait valu 4000 francs, ce qui est une assez jolie rémunération pour cinq chansons. Mais, aux Iles de la Société, la monnaie est rare, et dans l'impossibilité de consommer elle-même une portion tant soit peu considérable de sa recette, mademoiselle Zélie se vit finalement forcée de nourrir ses porcs et sa volaille avec ses cocos et ses bananes. »

Il est inutile d'ajouter que si la civilisation qui fait le charme des bords de la Seine, d'où s'est envolée mademoiselle Zélie, avait quelque peu pénétré aux Iles de la Société, cette intéressante artiste n'aurait pas éprouvé l'amer désagrément de voir la moitié de ses recettes dévorer l'autre moitié.

valeurs. Le fer fut l'instrument ordinaire du commerce chez les Spartiates, le cuivre dans les premiers temps de Rome et même le plomb. Quant à l'or et à l'argent que nous décorons du nom de métaux précieux, on les a rencontrés principalement chez les peuples qui avaient conquis la richesse. Ce que nous appelons la vente depuis bien longtemps, est-ce donc autre chose qu'un échange ? l'échange d'une marchandise contre une autre marchandise, la monnaie. Au troisième siècle de l'ère chrétienne, le jurisconsulte Paul, l'un des hommes éminents dont s'honore l'ancienne Rome, écrivait les lignes suivantes, qui ne seraient point déplacées sous la plume autorisée d'un économiste contemporain. « L'origine de la vente et de l'achat se trouve dans l'échange. Autrefois, il n'y avait point d'argent et l'on n'appelait point une chose marchandise et une autre prix ; mais chacun considérant que ce qui est superflu pour ses besoins est utile à d'autres, échangeait les biens inutiles pour lui, contre ceux qui lui manquaient. Toutefois, comme il n'arrivait pas toujours, ni surtout facilement, que celui qui désirait une chose pût faire accepter en compensation son superflu, on choisit une matière, dont *la valeur reconnue par tous et perpétuelle* pourvût aux difficultés de l'échange. »

Les métaux tels que le fer, le cuivre, le plomb furent d'abord employés par simples barres ; il paraît que jusqu'à Servius Tullius, sixième roi de Rome, les Romains se servirent de barres de cuivre et de plomb, sans empreinte, mais d'un poids fixe et déterminé. A une époque plus récente, dans une partie de l'Amérique et en Australie, on a longtemps employé la poudre d'or ; elle se mesurait au poids. Les transactions, par la force des choses, se multipliant à l'infini, les moyens tout à fait élémentaires dont je viens de parler, qui donnaient lieu à beaucoup d'erreurs et occasionnaient une grande perte de temps, devinrent bientôt insuffisants ; aussi les gouvernements le comprirent, et trouvèrent que, pour faciliter les affaires, il était bon de diviser le métal en fractions représentant des valeurs plus ou moins grandes, et de garantir par une empreinte la finesse et la quantité de chaque pièce de monnaie.

Comment a t-on pu perdre de vue le caractère primordial des métaux précieux, leurs qualités premières, pour ne plus voir dans le signe extérieur qu'un instrument d'échange? En effet le grand principe sur lequel se sont appuyés les philosophes anciens, les pères de l'Eglise, et les juristes qui ont traité la question, n'est-ce point la stérilité de l'argent? Erreur étrange, que des hommes d'un grand savoir, des penseurs illustres ont acceptée sans réflexion, et ont léguée à leurs successeurs. Un philosophe éminent, Aristote, a le premier proclamé que l'argent était stérile, et il a fallu près de trois mille ans pour amener l'unanimité des esprits à une saine appréciation d'un simple fait économique. Avouons humblement que les préjugés ont une large part dans le gouvernement des hommes.

Voici, d'après une traduction récente, les termes dont s'est servi le phisosophe grec pour flétrir le prêt à intérêt : « L'acquisition des biens étant double, c'est-à-dire à la fois commerciale et domestique, celle-ci nécessaire et estimée à bon droit, celle-là méprisée non moins justement comme n'étant pas naturelle et ne résultant pas du colportage des objets, on a surtout raison d'exécrer l'usure (1), parce qu'elle est un mode d'acquisition né de l'argent lui-même, et ne lui donnant pas la destination pour laquelle on l'avait créé. L'argent ne devrait servir qu'à l'échange, et l'intérêt qu'on en tire le multiplie lui-même, comme l'indique assez le nom que lui donne la langue grecque, les pères sont ici absolument semblables aux enfants : l'intérêt est de l'argent issu d'argent, et c'est de toutes les acquisitions celle qui est le plus contre nature.» Et cependant lorsque ce philosophe explique l'origine de la monnaie, il s'exprime dans des termes auxquels aujourd'hui même nous aurions peu de choses à ajouter, et desquels assurément nous n'avons rien à retrancher. «On

(1) L'usure chez les anciens signifiait seulement l'intérêt, tandis que, chez nous, ce mot ne s'applique qu'à un intérêt excessif.

convint, dit-il, de donner et de recevoir, dans les échanges, une matière qui, *utile par elle-même*, fût aisément maniable dans les usages habituels de la vie. Ce fut du fer par exemple, de l'argent ou telle autre substance dont on détermina d'abord la dimension et le poids, et qu'enfin, pour se délivrer des embarras de continuels mesurages, on marqua d'une empreinte particulière, *signe de sa valeur*. » Ces deux passages du même auteur n'offrent-ils pas une véritable contradiction ? Combien de philosophes, d'historiens, de savants, dont les noms plus ou moins célèbres sont arrivés jusqu'à nous, et passeront à la postérité la plus reculée, ont souvent porté comme Aristote des jugements où l'erreur se mêle trop souvent à la vérité !

A la suite d'Aristote, Caton l'ancien écrivait à propos de l'usure : *Quid fœnerari ? quid hominem occidere?* L'usure selon lui équivalait à un meurtre, et cependant ces paroles d'une énergie presque barbare s'accordaient peu avec sa propre conduite. Plutarque, dans ses vies parallèles, dit de Caton l'ancien, « qu'il pratiqua l'usure la plus condamnée de toutes les usures, celle qu'on appelle l'usure des vaisseaux. » Il est vrai qu'il avait recours à des moyens plus ou moins ingénieux pour échapper aux conséquences de la violation des lois. En parlant de l'avarice bien notoire de ce citoyen romain, il cite de lui les quelques lignes suivantes peu étranges du reste sous la plume du défenseur opiniâtre de cette fameuse loi *Oppia* répressive du luxe des femmes. « L'homme admirable, l'homme divin et digne d'une gloire immortelle, est celui qui, en mourant, fait voir dans ses livres de compte, qu'il a acquis plus de biens qu'il n'en a hérités de ses pères [1]. » Si les Romains avaient eu le bonheur de posséder, comme les nations modernes, un département des finances, avec les rouages compliqués que nous connaissons, Caton eût été le ministre naturellement désigné à la confiance de ses concitoyens, pour prendre la direction d'un pareil mécanisme. Je laisse à d'autres le soin de concilier les paroles et les actes de ce

(1) Plutarque, *Vie de Caton le censeur*, trad. Dacier.

citoyen romain à qui l'histoire d'ailleurs ne marchande point certaines vertus. Au surplus, Brutus lui-même ne prêtait-il pas à 48 pour cent dans l'île de Chypre, lorsque Cicéron reprochait à Verrès de prêter en Sicile à 24 pour cent?

Il faut dire que les lois romaines ne prohibaient point le prêt à intérêt. Il paraît, même, qu'avant la loi des douze tables, les usures étaient libres, mais cette loi en fixa le taux maximum à l'*unciarium fœnus*. « *Nam primo*, dit Tacite, *Duodecim Tabulis sanctum ne quis unciario fœnore amplius exerceret, quùm anteà ex libidine locupletium agitaretur* (1). » On a beaucoup discuté sur la traduction de cet *unciarium fœnus*. Dumoulin, Pothier, Cujas, Sigonius et bien d'autres ont interprété diversement l'expression latine : suivant les uns, il s'agissait d'un intérêt de 1 pour cent par an, ce qui n'est pas admissible à une époque où les métaux précieux étaient assez rares; selon d'autres, d'un intérêt de 12 pour cent; d'après une troisième interprétation, l'intérêt aurait été fixé au denier douze, c'est-à-dire au douzième du capital, soit à 8 et un tiers pour cent par an, ce qui revient à dix pour cent pour l'année de douze mois, qui a bientôt remplacé l'année primitive des Romains laquelle se composait de dix mois seulement. Ces deux dernières explications sont les plus vraisemblables, l'une des deux doit être vraie. Je ne parle pas d'une quatrième opinion abandonnée aujourd'hui, traduisant *l'unciarium fœnus* par cent pour cent par an.

L'histoire nous rapporte qu'à l'époque où vivait Caton, vers l'an 560 de Rome, un désordre nouveau dû aux usures exorbitantes vint encore grossir la liste déjà trop longue de ceux qui avaient éclaté depuis la retraite du peuple sur le Mont Sacré, c'est-à-dire depuis environ trois siècles. Les capitalistes du temps, pour éluder les lois restrictives, forçaient leurs emprunteurs à contracter leurs obligations au profit de certains alliés du nom Latin, qui n'étaient point soumis aux lois de Rome. M. Sempronius, l'un des tribuns du peuple, proposa et fit recevoir une

(2) Tacite, *Annales*, livre VI, parag. 16.

loi, ordonnant aux alliés de se conformer, en matière de prêts faits à des Romains, à la jurisprudence de Rome. Aussi Tacite a-t-il eu raison de dire que, malgré les règlements, l'usure toujours réprimée renaissait sans cesse sous divers déguisements : « *Multisque plebiscitis obviam itum fraudibus ; quæ, toties repressæ, miras per artes rursum oriebantur* (1). » Conséquence plus ou moins éloignée, mais toujours fatale des lois qui blessent l'éternelle justice, ou entravent le cours naturel des choses.

Après Caton, nous voyons Cicéron, Sénèque, Plutarque lui-même, Pline et bien d'autres professer la même opinion. Plutarque, dans son livre : *Qu'il ne faut pas emprunter à usure*, visant surtout les excès de toute sorte auxquels se livraient les raffinés, les gommeux du temps, grâce à des emprunts qui cachaient de très-grosses usures, s'écrie : « Quoi ! vous êtes hommes, vous avez des pieds, des mains, une voix, et vous dites que vous ne savez de quoi vous nourrir ! Les fourmis ne prêtent ni n'empruntent, elles n'ont cependant ni mains, ni arts, ni raison, mais elles vivent de leur travail, parce qu'elles se contentent du nécessaire. Si l'on voulait se contenter du nécessaire, il n'y aurait pas plus d'usuriers qu'il n'y a de centaures. » Plutarque, il est vrai, en parlant ainsi, s'érigeait surtout en censeur des mœurs, plutôt qu'il ne condamnait l'usure, tandis qu'avant lui Sénèque l'avait qualifiée de sanguinaire, l'avait traitée d'œuvre d'avarice et de cupidité.

Troplong, dans sa préface du prêt à intérêt, a écrit avec beaucoup de détails l'histoire de l'usure chez les Romains, il a dépeint sous des couleurs très-vives cette aristocratie romaine, si ambitieuse à l'extérieur, si fière à l'intérieur, toujours jalouse des droits exorbitants qu'elle s'était arrogés, cherchant par les usures non seulement à augmenter sa fortune, mais encore à maintenir le peuple à ses pieds (2). Turgot, l'un de ceux qui les

(1) Tacite, *Annales*, livre VI, parag. 16.
(2) Tacite, au livre VI des *Annales*, cite un exemple qui ne laisse aucun doute sur la rapacité des patriciens. « *Sed tum Gracchus prætor, cui ea questio evenerat, multitudine periclitantium subactus,*

premiers ont jeté les fondements de la science économique et dont j'aurai occasion de parler plus loin, avait porté le même jugement lorsqu'il écrivait sous le paragraphe XXIV de son mémoire si remarquable sur les prêts d'argent. « On voit que dans les dissensions entre le peuple et les grands qui ont agité si souvent la république romaine, le motif le plus réel des plaintes du peuple était l'énormité des usures, et la dureté avec laquelle les patriciens exigeaient le paiement de leurs créances. Insolvable, il devenait l'esclave de son créancier; celui-ci était autorisé à le vendre à son profit, et à user à son égard du pouvoir illimité que l'ancien droit donnait au maître sur l'esclave, lequel s'étendait jusqu'à le faire mourir arbitrairement. » Il n'y a donc pas lieu de s'étonner qu'à Rome des troubles civils aient éclaté souvent, et par leur violence aient mis en péril l'existence même de la république.

Si les décemvirs auxquels les lois de Solon n'étaient pas inconnues, puisque trois d'entre eux avaient été délégués pour étudier à Athènes et dans les principales villes de la Grèce, la législation de ce pays, au lieu de limiter à 10 ou 12 pour cent par an le taux des usures, ce qui ne changea rien aux dispositions des prêteurs, avaient eu comme le législateur d'Athènes l'heureuse idée d'enlever au créancier cette inique faculté de transformer un homme libre en esclave, c'est-à-dire en réalité le droit de vie et de mort sur son débiteur, ils auraient rendu à leur patrie un service signalé qui à lui seul leur aurait valu la reconnaissance de la postérité; malheureusement les décemvirs

retulit ad senatum : trepidique patrés (neque enim quisquam tali culpâ vacuus) veniam a principe petivere; et concedente, annus in posterum sexque menses dati, quis, secundum jussa legis, rationes familiares quisque componerent. Mais alors le préteur Gracchus, à qui le sort avait attribué ces jugements (il s'agissait de l'application des plébiscites qui avaient successivement réduit et même aboli un instant le taux de l'intérêt), effrayé de la multitude des coupables, fit son rapport au sénat : et les Pères consternés, car aucun n'était exempt de pareilles prévarications, demandèrent grâce au prince qui leur accorda un an et demi pour se conformer à la loi. »

étaient tous patriciens, et la loi des douze tables, sous l'inspiration de semblables législateurs, ne pouvait être qu'une codification de règlements autoritaires, tout à l'avantage de la caste orgueilleuse à laquelle ils appartenaient. On s'est borné à donner au peuple un semblant de satisfaction, rien de plus. N'est-ce point du reste l'éternelle histoire de ceux qui détiennent la puissance, et croient toujours remplir une mission providentielle, quand toutefois un étroit égoïsme ne dirige point leur conduite? Et cependant ces fiers patriciens n'auraient pas dû oublier, dans l'intérêt bien entendu de leur propre cause, qu'environ soixante ans auparavant la question des usures avait entraîné le peuple dans une sédition redoutable et l'avait amené à se retirer en armes sur le Mont Sacré, d'où il né descendit qu'en faisant une large brèche au pouvoir des grands, c'est-à-dire en obtenant l'établissement des tribuns du peuple, de cette puissance nouvelle qui devint bientôt la terrible rivale de la puissance patricienne.

C'est surtout à partir de ce moment que la guerre fut déclarée entre le peuple et le Sénat ; et on peut le dire, cette rivalité permanente ne fit encore qu'augmenter les exigences des usuriers du temps, car dès que le peuple soulevé par l'ardeur ambitieuse d'un de ses tribuns put demander l'abolition des dettes, et appuyer cette exigence par la menace d'un soulèvement armé, la sécurité des prêteurs se trouva diminuée, et le taux des usures dut s'élever proportionnellement aux risques nouveaux. Ce résultat n'a point échappé à l'esprit observateur de Montesquieu.

« Le peuple, écrit-il, chez les Romains, augmentant tous les jours sa puissance, les magistrats cherchèrent à le flatter, et à lui faire les lois qui lui étaient le plus agréables. Il retrancha les capitaux ; il diminua les intérêts ; il défendit d'en prendre ; il ôta les contraintes par corps ; enfin, l'abolition des dettes fut mise en question, toutes les fois qu'un tribun voulut se rendre populaire. Ces continuels changements, soit par des lois, soit par des plébiscites, naturalisèrent à Rome l'usure ; car les créanciers voyant le peuple leur débiteur, leur législateur et leur juge, n'eurent plus de confiance dans les contrats. »

Si nous tournons maintenant nos regards vers la Grèce et l'Égypte, un tableau moins sombre se déroule à nos yeux. Au sixième siècle avant Jésus-Christ, Solon avait proscrit la liberté des contrats, en matière de prêt à intérêt. «Ce qui, chez les Athéniens, dit M. George Perrot, favorisait singulièrement les affaires, et donnait au commerce de l'argent et du crédit une activité tout exceptionnelle et très-féconde, c'est que le taux de l'intérêt y était affranchi de toute fixation, de toute restriction légale » (1). Aussi l'Histoire ne nous rapporte point qu'il y ait eu à Athènes ces désordres civils dont Rome a été si souvent le théâtre, et cependant d'après Saumaise le taux de l'argent y était fort élevé, il variait de 12 à 36 pour cent, et encore, lorsqu'il s'agissait de prêts à très-courte échéance, l'intérêt dépassait même cette limite; il faut dire que les Athéniens pratiquaient surtout l'usure maritime, à laquelle sont toujours attachés des risques très-considérables.

En Égypte, l'intérêt n'était pour ainsi dire assujetti à aucune règle restrictive. «Il était défendu, écrit Diodore de Sicile, à ceux qui prêtent sur contrat, de porter par l'accumulation des intérêts le capital au-delà du double; les créanciers qui demandaient le remboursement ne pouvaient s'adresser qu'aux biens du débiteur, la contrainte par corps n'étant dans aucun cas admise. Le législateur avait considéré que les biens appartiennent à ceux qui les ont acquis, soit par leurs travaux, soit par transmissions ou par dons; mais que la personne du citoyen appartient à l'État, qui à tout moment peut la réclamer pour son service, dans la guerre comme dans la paix » (2).

L'esprit reste confondu, quand on pense que la contrainte par corps n'a pas encore disparu complétement de nos Codes, et

(1) *Démosthène et ses contemporains,* par M. George Perrot.

(2) Diodore de Sicile, livre 1er, paragr. LXXIX.

que l'Égypte avait refusé à plus de trois mille ans de distance de l'introduire dans sa législation.

L'Égypte, il est vrai, passait pour posséder un recueil de lois d'une sagesse remarquable. Solon et Lycurgue, paraît-il, avaient visité ce pays, pour en étudier les mœurs, avant de donner des lois à Athènes et à Lacédémone. Solon a dû s'inspirer des considérations devant lesquelles s'était arrêté le législateur de l'Égypte, lorsqu'il supprima à Athènes ce droit exorbitant et contre nature que Rome a eu la mauvaise fortune de conserver si longtemps, ce droit de vie et de mort sur un débiteur insolvable. Mais si la contrainte par corps n'était point tolérée, l'Égyptien pouvait offrir au créancier un gage plus solide que celui de sa propre personne, il ne lui était point défendu d'engager pour dettes le corps de son père que chacun, suivant la coutume du pays, faisait embaumer avec soin, et conservait religieusement dans sa maison; et comme le culte des morts était en grande vénération, celui qui ne retirait point ce gage précieux dans le plus bref délai, était noté d'impiété et d'infamie (1).

Quant aux Phéniciens et aux Carthaginois, dont l'activité commerciale s'étendait jusqu'aux extrémités du monde alors connu, les historiens ne nous ont point laissé de documents propres à nous renseigner sur les lois qui réglaient chez eux les rapports des prêteurs et des emprunteurs. Nous savons que leurs richesses étaient grandes ; que les mines de la Grèce et de l'Espagne notamment leur procuraient en abondance l'or,

(1) Hérodote, au paragraphe CXXXVI du livre II, nous raconte que sous le règne d'Asychis (l'an 1056 avant Jésus-Christ), il y eut une grande disette de monnaie frappée. « Les Égyptiens, en conséquence, écrit-il, rendirent une loi qui permettait d'emprunter, en donnant pour gage le cadavre de son père ; une clause additionnelle permit au prêteur de disposer de la chambre sépulcrale de l'emprunteur, et en cas de refus d'acquitter leur dette; ceux qui avaient donné un tel gage, encouraient la punition que voici : en cas de mort, impossibilité d'obtenir la sépulture ni dans le sépulcre paternel, ni dans aucun autre; interdiction d'ensevelir aucun des leurs. »

l'argent, le cuivre; la découverte de ces métaux précieux leur avait permis d'équiper ces flottes nombreuses sillonnant les mers jusque par-delà les colonnes d'Hercule, et avait facilité aux Carthaginois l'entretien de ces armées de mercenaires, qui balancèrent un instant la fortune de Rome. L'intérêt de l'argent était vraisemblablement libre chez des peuples qui avaient le monopole des transactions internationales, et dont les cités les plus importantes étaient, avant tout, les entrepôts du commerce du monde.

Le grand législateur des Hébreux, Moïse, paraît avoir prohibé le prêt à intérêt dans les relations des Hébreux entre eux. « *Non fœnerabis fratri tuo*, dit la loi mosaïque, *ad usuram pecuniam, nec fruges, nec quamlibet aliam rem, sed alieno* (1) ». Cette loi était sans doute une conséquence de l'état politique de ce peuple plutôt pastoral que commerçant, à qui les arts et les sciences étaient inconnus, confiné dans les étroites limites d'un territoire restreint; au reste les dettes s'éteignaient tous les sept ans, dans cette année sabbatique où les affaires étaient arrêtées, ce qui prouve que les transactions commerciales devaient être à peu près nulles (2). Mais il était permis aux Hébreux de prêter avec intérêt aux étrangers, « *sed alieno.* » Ce n'était point le seul cas d'ailleurs où les lois de Moïse établissaient des prescriptions différentes, selon qu'il s'agissait de rapports entre Hébreux, ou entre ces derniers et les étrangers; ainsi les lois qui réglaient l'esclavage, variaient pour les mêmes causes dans leur application. Certains passages de la loi mosaïque, toutefois, feraient supposer que le prêt à intérêt était permis aux

(1) *Deutéronome*, chap. XXIII, 19, 20.

(2) Chez les Hébreux, tous les cinquante ans, les biens aliénés revenaient à leurs anciens propriétaires, sans que ceux-ci eussent rien à rembourser. C'était l'année du *Jubilé*. Cette loi s'explique naturellement, lorsqu'on songe à l'importance considérable du rôle dévolu à la famille au sein de cette petite nation. La même année, tous les esclaves devaient être rendus à la liberté.

Lévitique, chap. XXV, 10 et suivants.

Hébreux, lorsqu'il intervenait entre les riches. « *Si pecuniam mutuam dederis populo meo pauperi qui habitat tecum, non urgebis eum quasi exactor, nec usuris opprimes* » (1). Quoi qu'on puisse dire de la contradiction apparente de ces textes, il est hors de doute que la légitimité de l'intérêt était reconnue en principe par la loi hébraïque, et cela n'a rien qui nous surprenne; Moïse n'a-t-il pas été élevé à la Cour des Pharaons? Les lois de l'Égypte auxquelles on accordait une grande réputation de sagesse n'ont pas dû lui être inconnues, et ces lois, comme je l'ai déjà dit, n'apportaient qu'une restriction insignifiante à la liberté illimitée des stipulations d'argent.

Les théologiens s'emparant à tort de cette parole du Christ, *mutuum date, nihil inde sperantes*, qui selon éux paraissait justifier le principe des philosophes païens, se sont élevés comme ces derniers contre la légitimité de l'intérêt. Parole de pure charité, pourtant, dans la bouche de celui qui est venu dire aux hommes : « Aimez vos ennemis, faites du bien à ceux qui vous haïssent, et priez pour ceux qui vous calomnient. » Ces paroles commencent le sermon sur la montagne, et plus loin, Jésus-Christ ajoute : « Mais pour vous, aimez vos ennemis, faites du bien à tous, et prêtez sans en rien espérer : *mutuum date, nihil inde sperantes*. » Est-il croyable, comme l'écrit Troplong, que Jésus-Christ, sortant de son royaume spirituel pour envahir le royaume de César, a entendu substituer une nouvelle loi temporelle à la loi temporelle des nations? D'ailleurs, si on consulte le texte, il est difficile d'admettre l'interprétation des théologiens; il porte : « *Verum tamen diligite inimicos vestros, benefacite et mutuum date, nihil inde sperantes.* » Ces dernières mots, *nihil inde sperantes*, ne se rapporteraient selon eux qu'au membre de phrase, *mutuum date*, et ils ont traduit le tout ainsi : prêtez sans intérêt. On a contesté avec raison, selon moi, l'exactitude de cette interprétation. Jésus-Christ ne dit-il pas immédiatement après? « *Et erit*

____

(1) *Exode*, chap. XXII, 25.

merces vestra multa, et votre récompense sera grande. » Oui! la récompense sera grande, parce qu'on aura pratiqué cette loi générale d'amour et de charité que le Christ vient annoncer au monde ! Avec la meilleure volonté, je ne puis voir dans ce discours rien qui ressemble à une prescription de loi positive, pas plus du reste que dans cette parabole des talents qui a été invoquée souvent en faveur de l'usure. Jésus-Christ n'a-t-il point proclamé que son royaume n'était point de ce monde? Cette grande parole n'est-elle point la clé de voûte de ce nouveau temple spirituel qu'il a élevé par ses prédications? Aussi ce n'est qu'en mettant à la torture une intelligence pourtant brillante, que les docteurs de l'Église et les canonistes sont parvenus à découvrir des préceptes de loi purement humaine là où ils n'auraient dû trouver qu'un enseignement de morale évangélique.

Saint Augustin, saint Gérôme, saint Chrysostôme, saint Basile, saint Ambroise, tous les pères, en un mot, tant de l'Église grecque que de l'Église latine, ont condamné comme Aristote et dans des termes souvent très-vifs le prêt à intérêt. Saint Basile s'écrie : « Que font les prêteurs sinon s'enrichir des misères d'autrui, tirer avantage de la faim et de la nudité du pauvre, être inaccessibles aux mouvements de l'humanité? Faire l'usure, c'est recueillir où l'on n'a rien semé, c'est une cruauté indigne d'un homme. » Saint Chrysostôme emploie un style plus imagé : «Quoi de plus déraisonnable, dit-il, que de semer sans terre, sans pluie, sans charrue? Tous ceux qui s'adonnent à cette damnable agriculture n'en moissonnent que de l'ivraie; retranchons donc ces enfantements monstrueux de l'or et de l'argent, étouffons cette exécrable fécondité. » Enfin les Conciles ont appuyé de leur autorité et de leurs décisions ces opinions étranges. Je n'entrerai point ici dans des détails qui ne présentent qu'un intérêt rétrospectif, sur les discussions aussi longues que diffuses auxquelles se sont livrés les docteurs, sur les subtilités de fond et de forme inventées par la scholastique et les casuistes, sur les misérables arguties à l'alambic desquelles on faisait passer les contrats de société, d'échange, de gage, de cheptel, pour essayer d'y découvrir une dissimulation de l'intérêt, sur les puérilités qui étayaient gravement l'échafaudage des *trois contrats et du mohatra.* « Comment de bons esprits, écrit Troplong, ont-ils pu martyriser leur jugement par de tels efforts de gymnastique intellectuelle? Quoi de plus singulier surtout que les arguments des théologiens et des canonistes, pour environner de l'autorité des écritures cette sophistication inintelligible? » « L'argent est stérile, car Dieu n'a pas prononcé pour « lui cette parole puissante : *Croissez et multipliez.* Il ne participe « pas du privilége de la terre, à qui Dieu a dit au jour de la « création : *Germinet terra herbam viventem.* L'usurier entreprend « de semer sans champ, sans charrue et sans pluie, mais cette « damnable agriculture, etc., etc. »

A différentes époques pourtant en Occident, les princes et les rois permirent aux Juifs et aux Lombards, ces banquiers du moyen-âge, d'établir leurs tables de prêt dans les foires et marchés ou même sous le porche des églises, et cela, par la raison, *qu'étant déjà damnés, il n'y avait pas grand mal à leur abandonner un métier de damnation,* mais en réalité parce qu'ils en tiraient de très-gros profits; ils les chassaient ou les rappelaient, selon qu'ils avaient besoin de leur extorquer quelque argent; aussi ces derniers se dédommageaient-ils sur les emprunteurs de ces menaces perpétuelles que l'autorité séculière et même souvent le pouvoir ecclésiastique laissaient planer sur leurs têtes; et sur qui retombait finalement cet impôt d'un nouveau genre, si ce n'est sur ce bon peuple, *taillable et corvéable à merci?* Un chroniqueur anglais du treizième siècle, Mathieu Paris, raconte que Henri III, roi d'Angleterre, chassa les Lombards en 1240, les rappela en 1250 et les expulsa de nouveau en 1254. En Italie surtout, si nous en croyons Dumoulin, les princes, comme compensation des énormes tributs qu'ils imposaient aux Juifs, accordaient à ces derniers, d'un cœur plus que léger, des facilités telles qu'elles leur permettaient de doubler parfois le capital avancé en trois ou quatre mois.

Du Puynode, dans son ouvrage sur l'intérêt, rapporte d'après le Traité de la police de *Delamarre*, que, vers 1315, Louis X a concédé aux Juifs de prêter, en France, à l'intérêt d'un sou pour livre par semaine, moyennant *cent vingt-deux mille cinq cents livres.* « Il n'est pas jusqu'aux Papes, continue Du Puynode, qui permirent aux Juifs et aux Lombards de prêter à intérêt. Plus d'une fois même, ils devinrent leurs emprunteurs, malgré les bulles qui défendaient tout commerce avec ces hérétiques ou ces excommuniés, sous peine de la séparation de l'Église. Mais les écrivains italiens toujours si diserts assuraient à ce sujet que les Papes pouvaient faire que le péché ne fût pas péché, ce que Dumoulin s'est un jour cru dans la nécessité de réfuter » (1).

Mais souvent à quelque chose malheur est bon, dit un ancien proverbe ; il paraît que l'origine de la lettre de change, ce puissant levier du crédit et des affaires, est due aux difficultés sans cesse renaissantes qu'éprouvaient ces trafiquants pour se faire payer le lendemain du jour où le caprice du prince les obligeait à fuir, et à la nécessité où ils se trouvaient, pour faire face aux tributs exagérés, qui étaient la rançon de leur commerce, d'avoir recours à des usures exorbitantes, qu'ils déguisaient sous le nom de *change réel*, de *change sec*, de *rechange*, de *contre-change*, ce qui faisait dire à Dumoulin : « Je laisse leurs jargons et distinctions, car ainsi changent-ils par temps leurs termes et dictions, afin que chacun ne connaisse si facilement leurs excès et abus. » En effet, d'après les documents assez peu précis toutefois que l'histoire nous a laissés sur les opérations des *Trapezites* et des *Argentarii*, ces banquiers d'Athènes et de Rome, il ne paraît pas que la lettre de change ait été connue et pratiquée, à ces époques reculées, si ce n'est peut-être à l'état tout-à-fait embryonnaire.

(1) Du Puynode, *De la Monnaie, du Crédit et de l'Impôt.*

Je ne dois pas non plus passer sous silence les divergences de législation qui se sont produites entre le monde oriental et le monde occidental. Ainsi, pendant que Constantin, en 325, fait une Constitution pour réglementer le taux de l'intérêt, non-seulement de l'argent, mais aussi des denrées, telles que le vin, l'huile, le froment, le Concile de Nicée, le premier des conciles œcuméniques, où trois cents évêques condamnèrent l'hérésie d'Arius, se borne à défendre l'usure aux simples clercs, ce qui n'empêcha point saint Basile et saint Grégoire, quelques années après, de prêcher avec emportement contre l'intérêt. La doctrine des pères de l'Église grecque ne s'est jamais éloignée sensiblement sur ce sujet de celle des pères de l'Église latine. En 386, Théodose-le-Grand, le dernier des empereurs romains qui réunit sous une seule domination l'Orient et l'Occident, tout en édictant des peines contre les usuriers, maintient néanmoins l'intérêt de l'argent. Au sixième siècle, Justinien se contente d'en abaisser le taux, il le porte à 4 pour cent pour les riches, à 8 pour cent pour les commerçants, et à 6 pour cent pour les autres personnes. Vers la fin du neuvième siècle, l'empereur Basile Ier abolit entièrement les usures, mais cette prohibition eut des résultats si funestes, que son fils et son successeur Léon VI, surnommé le sage ou le philosophe, s'empressa de la retirer. Les considérants de la novelle, annulant cette prohibition malheureuse, portent : « que la loi de Basile n'a point produit le bien qu'on avait espéré, que les choses vont plus mal que jamais, que ceux qui prêtaient volontiers autrefois, dans la vue de retirer des avantages de leur argent, ne consentent plus à le faire depuis la suppression du prêt à intérêt, et sont devenus intraitables. » N'est-ce point la force des choses qui le veut ainsi ? Ce qui était la vérité au temps de Léon VI, est encore la vérité aujourd'hui, celle de tous les siècles; il faudrait être bien aveugle pour ne point le reconnaître.

En Occident, au contraire, et particulièrement en France, la puissance séculière et le pouvoir religieux s'accordent ensemble pour maintenir la rigueur des anciens principes. En 305, vingt ans avant le Concile de Nicée, celui d'Elvire, en Espagne, défendait l'usure aux laïques et prononçait l'excommunication contre les coupables; ce n'était, il est vrai, qu'un concile provincial. En 1311, le Concile général de Vienne, en Dauphiné, condamne également là rapacité des gens faisant métier d'usure, et ne recule pas non plus devant la peine de l'excommunication.

C'est seulement au seizième siècle, sous le souffle des doctrines du libre examen, que l'on commence à battre en brèche le fameux principe de la stérilité de l'argent; c'est Calvin, en complet désaccord du reste sur ce point avec Luther, qui donne le signal. Tandis que celui-ci, dans ses *Propos de Table*, s'écrie : « Tout usurier est un voleur digne du gibet, » Calvin réplique dans des termes très-justes, dont le calme contraste singulièrement avec l'exaltation du réformateur allemand : « L'argent, dit-on, n'enfante point l'argent; et la mer le produit-elle? Est-il le fruit d'une maison pour l'usage de laquelle pourtant je reçois un loyer? L'argent naît-il, à proprement parler, du toit et des murailles? Non, mais la terre produit, la mer porte des navires qui servent à un commerce productif, et avec une somme d'argent l'on peut se procurer une habitation commode. Si donc il arrive que l'on retire d'un négoce plus que de la culture d'un champ, pourquoi ne permettrait-on pas au possesseur d'une somme d'argent d'en retirer une somme quelconque, quand on permet au propriétaire d'un champ stérile de le donner à bail moyennant un fermage? Et lorsqu'on acquiert à prix d'argent un fonds de terre, est-ce que ce capital ne produit pas un revenu annuel? etc., etc. (1) »

(1) Voici les expressions dont se sert Luther, dans ses *Propos de table :* « Échanger quelque chose avec quelqu'un, en gagnant sur l'échange, ce n'est pas faire œuvre charitable, c'est voler. Tout usurier est un voleur digne du gibet. J'appelle usuriers ceux qui prêtent à 5 et 6 pour cent. Aujourd'hui, à Leipsick, celui qui prête cent florins, en exige quarante au bout d'une seule année, pour l'intérêt de son argent. Croyez-vous que Dieu tolère semblable chose? Il n'y a rien sous le soleil que je haïsse autant que cette ville de Leipsick, tant il y a là d'usure, d'avarice, d'insolence, de supercherie et de rapacité. »

On sait qu'aujourd'hui l'Église permet le prêt à intérêt. Je ne veux pas examiner en quoi les décisions des Conciles, relatives aux usures, ont pu ou non porter atteinte au principe de l'infaillibilité dogmatique; des personnes plus ou moins compétentes ont traité cette question qui sort du cadre de mon sujet.

II.

L'INTÉRÊT DE L'ARGENT
ET LA SCIENCE ÉCONOMIQUE.

Vers le milieu du dix-huitième siècle commencent à s'élaborer les premiers rudiments de l'économie politique, au point de vue scientifique du moins ; car si jusque-là les gouvernements et les particuliers étaient arrivés, dans l'ordre économique, à formuler certaines règles déduites de l'expérience, ils ne paraissaient pas soupçonner que la plupart des phénomènes naturels, pour ne pas dire tous, suivaient dans leurs développements des lois générales, que des règlements arbitraires peuvent contrarier un instant, mais sont impuissants à détruire. La science de la richesse, qui n'avait pas même de nom, ne comptait pas encore parmi les connaissances humaines. Les États généraux de 1614 avaient parlé, mais timidement, de la liberté de l'industrie ; sous Colbert, il est vrai, le système restrictif commence à être discuté ; on connaît la réponse du négociant Legendre : « Pour nous aider, dit-il au grand ministre, il faut simplement nous *laisser faire.* » Nous arrivons bientôt à Boisguilbert. Ce digne précurseur des économistes s'élève avec force contre les tailles, les aides, les corvées, et laisse entrevoir la fameuse maxime du *laisser faire* et du *laisser passer* qui, sous l'impulsion des chefs de l'école physiocratique, va devenir le principe de cette doctrine nouvelle, qui, d'un premier jet, avec une hardiesse sans exemple, s'efforce d'abaisser les barrières entre les nations, et ose proclamer dans l'ordre physique cette solidarité universelle que le Christ a révélée au monde dans l'ordre moral en prêchant la fraternité entre les hommes ; avec elle, plus de tarifications, plus de règlements, le blé est une marchandise dont la circulation doit être libre, l'argent n'est aussi qu'une marchandise dont la négociation doit être également libre ; les meilleurs juges du prix des denrées, du taux de l'intérêt, sont ceux qui ont besoin de vendre ou d'acheter, de prêter ou d'emprunter ; l'individualité à la base, c'est-à-dire l'homme maître de décider seul, dans la plénitude de sa liberté, et d'agir en conséquence, dégagé des entraves des lois et des prohibitions, et enfin la prospérité générale comme résultante de toutes les forces combinées de l'activité individuelle.

Cette doctrine nouvelle, deux hommes vont la faire connaître au dix-huitième siècle ; l'un est De Gournay, intendant du commerce, homme pratique, mais profond observateur. L'autre est Quesnay, le médecin de Louis XV et de la Pompadour ; ses premiers soins et ses premières idées furent tournés vers l'agriculture qui fut son début dans la vie positive, comme le commerce fut celui de De Gournay, et au milieu de sa nouvelle et brillante carrière, cet homme dont la droiture égale la simplicité, égaré pour ainsi dire au sein d'une cour perdue de vices et étiolée par la corruption, n'oublie pas, tout en cultivant les sciences, les impressions que son génie observateur lui a permis de recueillir sur les phénomènes de l'agriculture dans leurs rapports avec le commerce général. En 1758, il expose dans son ouvrage, intitulé : *Tableau économique et Maximes*, les conceptions économiques, sorties d'un cerveau merveilleusement organisé, et qui à cette époque ont dû paraître marquées au coin d'une grande originalité. Ce fut le véritable point de départ de la science nouvelle. De Gournay n'a presque rien écrit, mais la plume de Turgot nous a fait connaître ses idées, et si elles diffèrent un peu des conceptions de Quesnay, on peut dire toutefois que ces deux hommes remarquables se sont rencontrés sur le terrain de la liberté du travail et du commerce. Turgot, cette grande figure du dix-huitième siècle, ce génie puissant, que ce siècle n'a point compris et ne pouvait comprendre, a résolument abordé la question de l'intérêt de l'argent, et, après l'avoir éclairée de tous les développements dont elle était alors susceptible, il s'est prononcé avec cette hardiesse de vues qui caractérise les hommes supérieurs, pour la liberté illimitée. Tous les économistes qui sont venus après lui se sont inspirés de ses écrits dans cet ordre d'idées.

Analysons d'abord l'intérêt, et voyons quels en sont les éléments principaux. En première ligne, et partant de ce principe aujourd'hui incontesté, que l'argent n'est qu'une marchandise comme une autre, une propriété, comme une maison, une ferme, un vêtement, il est nécessaire d'admettre que l'argent peut être loué, de même qu'on peut affermer une métairie, un vignoble ; l'emprunteur il est vrai ne s'oblige pas à rendre les mêmes espèces, les mêmes billets de banque, et par suite, dira-t-on, il ne peut pas être question de loyer, puisque la cause productive disparaît ; évidemment la monnaie dont se dessaisit le capitaliste ne restera pas dans les mains de celui à qui il l'a confiée, ce dernier s'en servira pour acheter des marchandises ou des immeubles dont il retirera un profit, tandis que le prêteur au contraire éprouvera une privation de jouissance ; mais c'est justement cette privation de jouissance qui commande une compensation, laquelle ne peut être que le loyer, c'est-à-dire l'indemnité que l'on retire d'une chose quelconque, maisons, terres, denrées, peu importe, lorsqu'on en concède temporairement l'emploi à celui qui en a besoin. Toute l'argumentation de Proudhon tendant à détruire un raisonnement aussi simple ne mérite même pas d'être discutée.

Il existe donc dans le prix qu'on retire du prêt, et qui s'appelle l'intérêt, une certaine fraction applicable au loyer de la marchandise. Et ce loyer de l'argent sera-t-il le même dans les steppes de la Sibérie ou les pampas de l'Amérique du sud que dans les plaines fertiles et cultivées qu'arrose la Seine ou la Loire ? Et chez nous, où le développement de la richesse a atteint de grandes proportions, sera-t-il le même dans une petite bourgade, que dans une grande cité? Assurément non. Les grandes villes ne sont-elles pas d'immenses réservoirs de capitaux disponibles? L'argent se faisant concurrence à lui-même s'y offre à bon marché au guichet des banquiers, qui sont les intermédiaires naturels entre le capital et le travail, et ces derniers, à raison de la concurrence professionnelle qui s'établit entre eux par la force des choses, le donnent à leur clients à un taux de moins en moins élevé. Dans les petites villes au contraire, où l'on ne rencontre que des fortunes modestes, où le capitaliste a besoin d'un gros intérêt pour vivre, parce que ses ressources sont limitées, il ne se trouve guère qu'un capital de placement qui se réfugie souvent dans les études de notaires, et s'emploie quelquefois à la Bourse : quant au capital roulant ou disponible, il n'existe pour ainsi dire pas. Je ne parle point des campagnes où l'argent n'a commencé à faire son apparition que depuis peu ; et le capital de placement lui-même subit également la loi de l'offre et de la demande qui découle de l'abondance ou de la rareté du numéraire, mais dans une proportion plus faible, il faut le dire, car sa sphère d'activité n'est pas limitée à l'enceinte d'une ville, ses horizons sont plus vastes. Les valeurs de bourse d'une part, les transactions immobilières et les emprunts hypothécaires de l'autre, sollicitent tous les jours l'épargne de chacun de nous soit directement, soit par l'intermédiaire des notaires, des hommes d'affaires, des courtiers de toute nuance. Le capital de placement étant ainsi plus demandé se maintient donc toujours à un niveau plus élevé, et subit moins de variations que l'argent disponible qui n'a, pour débouchés, que les maisons de banque ou les institutions de crédit. Si maintenant nous supposons une période de trouble, ne voyons-nous pas le crédit se resserrer, toutes les bourses se fermer, le métal précieux disparaître comme par enchantement? Le loyer de l'argent, dans cette hypothèse, qui se transforme trop souvent en réalité, ne doit-il pas s'élever ou s'abaisser, comme montent ou baissent par les mêmes causes les valeurs cotées à la Bourse ; ou encore lorsque vient à surgir une de ces crises commerciales ou industrielles qui agitent quelquefois le grand marché des capitaux.

En second lieu, si nous considérons les circonstances qui accompagnent le prêt d'argent, les conditions dans lesquelles il s'effectue, nous trouvons que le numéraire, aussitôt prêté, passe dans d'autres mains que celles de l'emprunteur, et qu'alors le remboursement n'est plus qu'une probabilité dont la mesure se trouvera dans le degré de bonne foi et surtout de solvabilité du débiteur ; or la bonne foi et la solvabilité d'un homme sont-elles facilement appréciables ? N'arrive-t-il pas tous les jours qu'une maison dont le crédit n'a jamais été discuté, suspend tout-à-coup ses paiements à la grande surprise de ses créanciers ? L'expérience des hommes et la pratique de la vie ne nous apprennent-elles point que la bonne foi disparaît souvent devant le malheur ? Tel est honnête au sein de la prospérité, qui n'est plus qu'un affreux coquin, lorsque la fortune cesse de lui sourire. Toutes ces éventualités constituent ce qu'on appelle les risques de l'opération. Comment le prêteur prudent et avisé se couvrira t-il de ces chances de perte ? Evidemment par un supplément de prix. Je ne connais pas de Compagnie sérieuse d'assurances qui garantisse ce genre de sinistres ; or ce supplément de prix, est-ce en réalité autre chose qu'une véritable prime d'assurances payée par l'emprunteur à celui qui lui a confié son capital ? Et cette prime ne doit-elle point varier suivant les conditions de solvabilité du débiteur, et aussi en raison de la nature des opérations ? Car il est évident que le risque est moins grand en matière civile que lorsqu'il s'agit d'une affaire commerciale ; et même en matière de commerce, lorsque le prêt revêt la forme d'un escompte de valeurs portant plusieurs endos, il est clair que le danger diminue proportionnellement à l'importance des garanties solidaires des cédants, tandis qu'au contraire s'il est fait par simple découvert pour emprunter le langage de la banque, il présente un danger permanent et sérieux. Maintenant qui sera juge des risques inhérents à la nature de l'opération, comme de ceux touchant la bonne foi et la solvabilité, si ce n'est le prêteur lui-même? Supprimons un instant par la pensée toutes les causes de perturbation politique ou économique, toute idée de crise extérieure, toutes les différences de milieux; alors sans doute, dans cette hypothèse déjà trop chimérique, on pourrait sans être taxé d'utopie songer à réglementer par des lois variables le loyer proprement dit de l'argent; mais, je le proclame hardiment, il estinsensé de penser à enlever jamais à une opération de prêt les risques qui s'attachent à la nature intime et particulière de ce contrat.

Enfin, si nous nous transportons sur le terrain des affaires purement commerciales ou industrielles, nous voyons que l'argent n'arrive généralement aux travailleurs, qu'en passant par ces nombreuses maisons de banque et d'escompte, répandues sur toute la surface du territoire, les unes ne relevant que de simples particuliers, les autres administrées en société. Ces établissements prennent d'une main l'argent que le public veut bien leur confier et de l'autre le distribuent à leurs nombreux clients, alimentant ainsi ce grand mouvement de production et de consommation qui contribue si largement à la richesse d'un pays. Ces maisons de banque ont des frais souvent considérables, car il ne faut pas se dissimuler que s'il n'est pas facile d'imprimer une bonne et sage direction à une affaire industrielle, il est encore plus difficile de bien gérer une maison de banque, où la solvabilité de tous les clients est l'objet d'un examen constant, où les opérations journalières de chacun, opérations qui se reflètent plus ou moins fidèlement dans sa circulation, sont pesées, scrutées, où il est souvent nécessaire de surprendre, dans une simple conversation, une phrase, un mot qui révélera si le niveau de la solvabilité s'élève ou s'abaisse. Il faut donc, à la tête ces maisons, des hommes, je ne dirai pas d'une moralité éprouvée, cela va de soi, mais joignant à des connaissances spéciales une grande expérience des hommes et des choses; et je ne me

trompe pas, en parlant ainsi, car une maison de banque entre-
tient des relations avec des personnes dont les professions commerciales ou industrielles représentent des spécialités souvent
fort différentes; et comment suivrait-elle la marche ascendante
ou décroissante des nombreux établissements avec lequels elle se
trouve liée par des relations d'affaires, si ses directeurs n'étaient
pas à même de se rendre compte des phénomènes multiples qui
peuvent influer sur chaque genre de commerce et d'industrie?
C'est dans ces appréciations diverses dont la mobilité exige une
intelligence souple et déliée, en même temps qu'une grande
rectitude de jugement, que se révèle le génie de ceux qui sont
appelés à gouverner ces maisons. Or le travail ne doit-il pas être
rémunéré selon son importance? Il est donc nécessaire que dans
les opérations de prêt auxquelles se livre un banquier, soit en
compte courant, soit sous la forme d'escompte, soit autrement,
un salaire quelconque soit perçu en dehors du loyer et de la
prime d'assurances pour couvrir, en même temps que les frais
généraux accessoires, la rétribution du gérant; c'est ce qu'on
peut appeler le salaire de l'entrepreneur; et lui aussi ne doit-il
point varier suivant les circonstances? Telle maison, dans une
petite ville de quelques milliers d'habitants, décaissera cinq ou
dix mille francs par jour, telle autre, dans une localité plus importante, sortira des millions, et, sauf de rares exceptions, les
frais généraux, nous le savons, diminuent proportionnellement
à l'importance des affaires. Le salaire de l'entrepreneur devra
donc être plus élevé chez le petit banquier que dans une maison
dont la sphère d'opérations est très-étendue. Ce troisième élément de l'intérêt est sujet toutefois, il faut le reconnaître,
à des variations moins grandes que les deux autres, c'est-à-dire
le loyer et la prime d'assurances; mais il n'en conserve pas
moins son caractère propre et particulier, et cela est si vrai que,
lorsque Proudhon a établi le crédit gratuit dans sa banque du
peuple, il a néanmoins réservé un escompte de 1/2 ou 1 0/0
pour les frais d'administration.

Donc, en analysant l'intérêt de l'argent, on trouve, ainsi que je viens de le démontrer, trois éléments principaux qui dans la pratique de chaque jour paraissent se confondre aux yeux de l'observateur superficiel, mais n'en sont pas moins distincts. J'en donnerai pour dernière preuve un fait qui se renouvelle souvent, et dont l'évidence doit convaincre les esprits les plus prévenus. Il est des moments où la pléthore de l'argent disponible est tellement grande, qu'on l'offre au guichet de toutes les banques à des prix extrêmement bas ; eh bien, malgré l'accumulation du métal dans les coffres du banquier, malgré les pertes d'intérêt qu'il est obligé de subir momentanément, si un commerçant besogneux dont le crédit est quelque peu ébranlé se présente, que fera t-il ? Il imposera à ce nouveau client des conditions qui seront loin d'être en rapport avec le cours du jour ; sans se préoccuper du taux presque dérisoire auquel sera tombé le loyer des dépôts, reléguant même au second plan la perspective lointaine du bénéfice net qui représente le troisième élément de l'intérêt, il ne songera qu'à s'assurer par un prix élevé une prime d'assurances assez forte pour neutraliser, s'il est possible, après un certain temps, les éventualités de remboursement ; ou si par hasard les risques sont tels qu'il ne puisse s'en garantir qu'en violant la loi, il fermera absolument sa caisse. Voilà ce qui se passe fréquemment dans toutes les banques.

En résumé, les éléments divers qui composent l'intérêt, et je crois l'avoir surabondamment prouvé, ne reposent que sur des bases bien changeantes ; aussi, lors de la discussion du projet de loi de M. de Saint-Priest, en 1850, M. Lherbette, qui déjà avait demandé en 1836 l'abrogation de la loi de 1807, posa-t-il à la chambre ce dilemme : « Si vous croyez qu'il y ait des bases fixes, invariables, de l'intérêt, pourquoi le faites-vous varier suivant les temps, suivant les circonstances ? Et si vous croyez au contraire que les bases soient variables, pourquoi fixez-vous un taux que les contractants ne pourront faire varier suivant les circonstances où ils se trouveront, et qu'ils connaîtront mieux que vous. »

Je dois dire ici quelques mots du prêt hypothécaire qui, par sa nature, paraît échapper en partie du moins à la mobilité et aux variations des phénomènes qui entourent le prêt commercial; il est certain que le risque dans beaucoup de cas est à peu près nul. Le notaire est généralement chargé de vérifier les titres de propriété, d'estimer les biens, d'apprécier leur valeur, et, quoiqu'il lui soit défendu d'engager sa responsabilité, les tribunaux le condamnent avec une rigueur souvent excessive à indemniser le prêteur lorsqu'une faute même légère a été commise par lui. Mais les prêts sur hypothèque ne sont pas toujours négociés par les notaires; parfois le notaire est le simple rédacteur des conventions des parties, on le dispense même souvent dans ce cas de réunir les titres de propriété des immeubles donnés en garantie, et cela arrive notamment, lorsqu'il s'agit d'usines dont la valeur ne peut être déterminée et n'est que relative, et encore lorsque la garantie hypothécaire, même sur des immeubles d'une valeur fixe et certaine, ne vient qu'en troisième ou quatrième ligne.

Dans ces diverses hypothèses de prêts consentis directement entre les parties, il y a risque pour le prêteur, il est moins considérable que lorsqu'il s'agit d'un prêt sur billet, mais il existe; ce qui le prouve bien, c'est le taux de l'intérêt presque toujours porté à six pour cent, lorsque l'emprunteur est commerçant et surtout la commission qui se paie en dehors, ou est parfois largement payée à l'avance lorsque la dette est préexistante et a pour origine une série d'opérations commerciales antérieures. Et le prêt hypothécaire n'est pas plus affranchi que les autres du troisième élément de l'intérêt. N'y a-t-il pas les droits de timbre, d'enregistrement, d'inscription au bureau des hypothèques, les honoraires du notaire et souvent les honoraires particuliers de l'intermédiaire, car le notaire ne trouve pas toujours dans sa clientèle les fonds qui lui sont demandés;

souvent même dans les petites villes et surtout dans les campagnes, où l'argent à placement fixe n'abonde pas, le notaire est obligé de s'adresser à ces hommes d'affaires des grandes villes qui s'occupent spécialement de prêts hypothécaires. Quant au loyer proprement dit de l'argent, il suit ici comme ailleurs la loi de l'offre et de la demande : on pourrait même avancer sans trop de hardiesse que le plus grand obstacle à la baisse de ce premier élément de l'intérêt en matière d'emprunts hypothécaires se trouve dans la loi de 1807 ; le taux de cinq pour cent étant pour ainsi dire stéréotypé dans les esprits, beaucoup de ceux pouvant offrir les garanties les plus solides, ne pensent même pas à discuter ce taux, et je ne jurerais point qu'on ne pût rencontrer des hommes qui fussent persuadés que la stipulation d'un intérêt moindre de cinq pour cent serait illégale. Je ne parlerai point du simple prêt sur billet en matière civile, qui lui aussi se contracte souvent par l'entremise d'un agent dont la commission est toujours à la charge de l'emprunteur. Donc on retrouve, dans le prêt sur hypothèque, les mêmes éléments qui composent l'intérêt des autres emprunts civils et de commerce ; les variations sont moins fortes comme en matière de prêt sur nantissement de marchandises ou de valeurs, voilà tout.

Les développements que je viens de donner, et auxquels il me serait facile d'en ajouter d'autres, ne sont plus aujourd'hui qu'un ensemble de vérités élémentaires admises et reconnues par tous les hommes compétents.

Pourquoi donc nos législateurs ont-ils refusé jusqu'à ce jour de les sanctionner par leurs lois ? C'est parce qu'il est toujours plus aisé d'admettre une opinion que le temps a paru consacrer que de s'en faire une nouvelle, ce qui demande un examen approfondi, un effort de travail et d'intelligence, et puis, on se défie des innovations, on redoute les théoriciens, même lorsqu'ils s'appellent Turgot, Adam Smith, J. Bentham, Bastiat, J.-B. Say, etc. On est d'accord sur le but, mais on néglige les moyens. On proclame la liberté pour tous, et on craint de toucher aux lois qui sont la négation même de cette liberté. On pose hardiment, à grand renfort de phrases aussi creuses que sonores, l'éternel problème de l'amélioration du sort du plus grand nombre, et, sans avoir rien fait, rien essayé même, on croit avoir bien mérité des hommes, parce qu'on a jeté au vent de la publicité quelques fleurs de rhétorique. Je dirai, comme M. Aubry, en 1850 : Vous confiez au peuple le soin de défendre ses intérêts les plus élevés, vous lui accordez par le suffrage universel une fraction de la souveraineté, et vous lui refusez de discuter librement ses intérêts privés. Et j'ajouterai : vous qui vous intéressez tant aux déshérités de la fortune, pourquoi n'ouvrez-vous pas, par une loi franchement libérale, cette barrière qui leur ferme l'accès du capital? « Pourquoi, dit Turgot, sous le paragraphe XXI de son Mémoire, voudrait-on priver celui qui, en empruntant, ne peut donner des sûretés suffisantes, d'un secours dont il a un besoin absolu? Pourquoi voudrait-on lui ôter les moyens de tenter des entreprises dans lesquelles il espère s'enrichir? Aucune loi, ni civile ni religieuse, n'oblige personne à lui procurer des secours gratuits; pourquoi la loi civile ou religieuse défendrait-elle de lui en procurer au prix auquel il consent de les payer pour son propre avantage? » Et plus loin il ajoute : « La loi qui établirait le nouvel ordre de choses (c'est-à-dire la liberté de l'intérêt) est donc aussi désirable que juste, et plus favorable encore au pauvre qu'au riche pécunieux. » C'est le propre du génie de soulever parfois un coin du voile qui sépare le présent de l'avenir.

De nos jours, combien même parmi ceux qui ont quelque connaissance des affaires ne voudraient point encore toucher à la loi de 1807, ni même peut-être à celle de 1850, qui est pourtant une aggravation de la première, puisqu'elle ajoute l'emprisonnement à l'amende, sous la raison spécieuse que les parquets ne poursuivent plus que ceux dont l'usure frise l'escroquerie. Pourquoi, disent-ils, ne pas laisser ainsi aller les choses? La loi est peut-être mauvaise, mais ses inconvénients sont bien petits, et

elle sert de frein aux usuriers trop avides. En 1850, M. de Saint-
Priest développait cette puérile et frivole argumentation, et
invoquait surtout la prudence des magistrats dont il n'était pas
permis de douter, disait-il. Ce raisonnement de rhéteur, digne
tout au plus de la scholastique du moyen âge, avait été victo-
rieusement réfuté, plus de cinquante ans auparavant, par
Turgot. « On répondra sans doute, dit-il, et cette réponse se
trouve même dans des auteurs de droit d'ailleurs très-esti-
mables, que les tribunaux ne poursuivent par la loi criminelle
que les usures énormes, mais cette réponse même est un aveu
de l'arbitraire inséparable de toute exécution qu'on voudra donner à cette loi; car quelle règle pourra servir à distinguer
l'usure énorme et punissable de l'usure médiocre et tolérable?
Ne sait-on pas même qu'il y a des usures qu'on est obligé de
tolérer? Il n'y en a peut-être pas de plus forte que celle qu'on
connaît à Paris, sous le nom de prêt à la petite semaine ; elle a
été quelquefois de deux sous par semaine, pour un écu de trois
livres, c'est sur le pied de 173 et 1/3 pour 100; cependant,
c'est sur cette usure vraiment énorme que roule le détail du
commerce des denrées qui se vendent à la Halle et dans les
marchés de Paris. Les emprunteurs ne se plaignent pas des
conditions du prêt, sans lequel ils ne pourraient faire un commerce qui les fait vivre, et les prêteurs ne s'enrichissent pas
beaucoup, parce que cet intérêt exorbitant n'est guère que
la compensation du risque que court le capital. »

Qu'est-ce enfin que l'argent, si ce n'est, une propriété comme
une autre, susceptible comme une autre de donner des produits?
Le vieil aphorisme scholastique « *nummus nummum non porit,*
l'argent n'engendre point l'argent,* » n'est plus qu'un écho lointain
et affaibli des discussions subtiles qui passionnaient le moyen-
âge; et cette propriété n'est-elle donc pas aussi sacrée qu'une
autre, parce qu'elle joue un rôle multiple dans les transactions?
Comment ! vous la respectez d'autant moins qu'elle vous rend
plus de services ! Mais diront quelques-uns de nos législateurs,

soumettez-vous aux lois, ne prêtez pas, rien ne vous oblige à le faire, ou prêtez au taux légal; alors, ô législateurs imprudents! pourquoi ne pas ressusciter les arciennes lois de *maximum*? Pourquoi ne point étendre votre sollicitude sur tous les éléments, sur toutes les manifestations de la propriété, quelle qu'elle soit? Ignorez-vous donc dans quelle voie vous vous engagez; et avec quelle imprévoyance? N'allez-vous pas en droite ligne au socialisme? Que veulent en effet les socialistes, si ce n'est l'abolition de l'intérêt? Et s'ils vous demandaient d'en baisser le taux, que leur répondriez-vous? Que le moment n'est pas encore arrivé, que les vents ne sont pas encore propices : prenez garde : ce n'est donc plus qu'une question de mesure entre vous, qu'une question de temps qui vous sépare; et si, demain, ils vous arrachent une concession de 1 pour cent, pourquoi un autre jour n'obtiendront-ils pas une autre diminution? Et pourquoi enfin, de degrés en degrés, de concessions en concessions, n'arriverez-vous pas à leur accorder cette gratuité du capital qui, avec la gratuité du crédit, était encore chez nous, il y a quelque temps, le dernier mot de l'école socialiste? Car pour quelles raisons refuserez-vous d'aller jusqu'au bout? Vous ne pouvez en donner, puisque de votre propre aveu vous n'êtes que l'arbitraire.

En 1850, l'auteur du contre-projet visant l'abrogation pure et simple de la loi de 1807, Sainte-Beuve, laissait tomber du haut de la tribune les paroles suivantes : « M. Pelletier demande l'argent à 3 pour cent. Il y a un homme bien plus rude logicien que M. Pelletier, c'est M. Proudhon; lui vous apportera le dénouement : *Deus ex machinâ ! Dieu ou démon !* Vous demandez l'argent à 5 pour cent; M. Pelletier vous demande l'argent à 3 pour cent; M. Proudhon répondra : Je demande l'argent à zéro. Qu'est-ce que vous lui répondrez? » Si aucun événement politique ne vient à troubler notre pays, la rente 3 pour cent atteindra bientôt le cours de 80; c'est l'avis de beaucoup d'hommes de finance; croyez-vous qu'à ce moment il ne se trouvera pas dans l'une des deux chambres un autre M. Pelletier qui viendra renouveler sa proposition ? Il ne descendra pas comme lui de la montagne, c'est possible, ce sera peut-être un conservateur de la plus belle eau, soudainement inspiré par un vif sentiment de philanthropie. Mais cet autre M. Pelletier pourra bien amener à la tribune un autre M. Pierre Leroux qui s'écriera comme l'a fait son devancier dans un discours peu écouté du reste : « C'est l'intérêt de l'argent qui fait la ruine de l'humanité. »

Mais dira-t-on, comme M. Paillet, en 1850, le droit de propriété, aussi sacré qu'il soit, doit capituler comme les autres devant l'intérêt public. N'y a-t-il point, dans le périmètre des fortifications, des zones réservées où il est défendu de bâtir? Le droit d'expropriation pour cause d'utilité publique au profit de l'État n'est-il pas reconnu par les lois? Le propriétaire d'un bois n'est-il pas obligé de s'adresser au Gouvernement pour obtenir l'autorisation de défricher? Ne sont-ce point là des atteintes au droit de propriété? Et pourtant il n'est pas un esprit sensé qui n'en reconnaisse la légitimité. Certainement je ne conteste pas que le droit de l'être moral qu'on appelle l'État, doive primer celui des individus, lorsqu'il s'agit d'utilité générale, mais je n'admets pas, et il est impossible de reconnaître que l'intérêt public soit en jeu chaque fois qu'un accord s'établit entre un prêteur et un emprunteur. S'il est défendu de construire dans la zone réservée des forteresses, c'est parce que les établissements qu'on pourrait y élever, paralyseraient à un moment donné la défense, et que la défense d'une parcelle du territoire touche le pays tout entier. Si on exproprie un ou plusieurs particuliers pour l'exploitation d'une voie ferrée, cette mesure profite à la nation, parce que les chemins de fer ouvrent des débouchés, stimulent le travail partout où ils passent et développent, par suite, la prospérité et la richesse; mais, je vous le demande, en quoi les conventions journalières qui s'appliquent aux transactions d'argent, intéressent-elles la collectivité? Poser la question, c'est la résoudre.

Une autre objection a été présentée contre la liberté du prêt; la loi, a-t-on dit, doit sa protection au faible contre le fort, c'est d'ordre public; cette raison ne vaut pas mieux que les autres; si le faible refuse votre protection, pouvez-vous la lui imposer? S'il plaît à quelqu'un de se ruiner dans des entreprises chimériques, qu'importe à l'État? Est-il donc chargé de veiller sur les agissements de la vie privée? Tous les jours nous avons sous les yeux des exemples d'hommes prodigues gaspillant en débauches, dans un court espace de temps, le patrimoine que leurs pères ont souvent amassé à la sueur de leur front; qu'arrive-t-il, alors? La famille investie par nos lois du droit de demander la nomination d'un conseil ou de provoquer l'interdiction, s'il y a lieu, s'adresse à la Justice, lorsqu'il en est temps encore; mais la mesure de garantie que les juges peuvent ordonner, après examen des faits, ne s'applique qu'au cas particulier qui leur est soumis; voilà une des circonstances où la loi, dans l'intérêt général, couvre le malheureux de sa protection, et on ne peut qu'applaudir à l'esprit de sagesse qui a inspiré le législateur; mais, dans notre espèce, rien de semblable; la loi frappe indistinctement la généralité de ceux qui n'ont ni fortune ni crédit, et le nombre en est grand, c'est un véritable ostracisme; je dirai plus, sa protection apparente a pour effet direct et immédiat de livrer ces infortunés à des usuriers impitoyables qui leur font largement payer les pénalités éventuelles suspendues sur leurs têtes. Le débiteur, comme le dit Adam Smith, se trouve obligé d'assurer son créancier contre les peines de l'usure. « L'usure, dit Montesquieu, augmente dans les pays mahométans, à proportion de la sévérité de la défense, le prêteur s'indemnise du péril de la contravention. » Montesquieu ne parlait, il est vrai, que des pays mahométans, mais il est clair qu'il s'adressait en même temps et surtout à la société française, vis-à-vis de laquelle il devait conserver, en apparence, certains ménagements.

Il ne faut pas se le dissimuler, les lois n'ont aucun pouvoir lorsqu'elles sont contraires à la nature des choses; c'est que les lois humaines ne doivent être, pour ainsi dire, qu'une formule adaptée au degré de civilisation de chaque peuple, de ces grandes lois naturelles et morales qui président au gouvernement du monde, ét dont les découvertes successives, dues à la science et à la philosophie, enrichissent enfin le domaine du législateur. Aussi, partout où il a existé des lois restrictives de l'intérêt, elles ont été éludées. Chez les Romains, nous l'avons vu, les Pères Conscrits ont été les premiers à donner l'exemple de la désobéissance aux lois. En Italie et en France, au moyen âge, les papes, les rois, les princes ont favorisé la violation des règlements qu'ils avaient édictés eux-mêmes. Bentham écrivait de Russie : « Le taux fixé par la loi est ici de 5 pour 100, beaucoup de gens prêtent de l'argent, mais personne n'en prête à ce taux ; l'intérêt le plus bas, sur les sûretés les plus solides, est de 8 pour 100. » Je ne parle point de l'Espagne où, malgré les craintes de l'Inquisition, le prêteur retirait son intérêt immédiatement et déclarait, non sans quelque solennité, qu'il prêtait à titre purement gracieux. Dans son ouvrage sur la Chine, Barrow nous fait connaître que l'intérêt légal y est fixé à 12 pour 100, mais que, dans les transactions ordinaires, ce taux est toujours porté à 18 et même 26 pour 100. Partout, sous toutes les latitudes, les mêmes contradictions, les mêmes phénomènes se sont reproduits avec une persistance rigoureuse. Et à quelles conséquences morales aboutissent enfin ces lois déplorables? Montesquieu nous l'apprend, lorsqu'il dit : « Quand les lois défendent une chose nécessaire, elles ne produisent pas d'autre résultat que de rendre malhonnêtes ceux qui la font. »

Maintenant parlerai-je des moyens détournés de faire valoir son argent à un taux usuraire et sous la protection des lois? Ils sont aussi nombreux que sont variées les ressources de l'imagination. Non, il n'y a pas que le prêteur qui puisse exploiter l'emprunteur. Ne voyons-nous pas tous les jours le vendeur spéculer sur son acheteur, et réciproquement? Si la perspective de la faillite se dresse, tout à coup, menaçante devant un commerçant ou un industriel frappé par un malheur qu'il n'a pu prévoir; s'il faut jeter par dessus bord une partie de la cargaison pour sauver le navire, c'est-à-dire s'il lui faut céder, même à vil prix, un lambeau de sa fortune, croyez-vous qu'il ne se présentera pas un acheteur qui saura profiter de la situation embarrassée du vendeur? Et soyez persuadés que l'acheteur, que les lois de 1807 et de 1850 sur l'usure ne pourront atteindre, saura bien aussi éviter l'écueil de l'article 1674 du Code civil, qui permet au vendeur de faire annuler la vente pour lésion de plus de sept douzièmes. N'y a-t-il pas des gens qui font métier de ces sortes d'opérations? Dans les campagnes, nous voyons tous les jours des cultivateurs gênés, pouvant à peine payer au comptant leurs instruments de culture, et obligés pour compléter leur matériel en bétail de s'adresser à des marchands, relativement riches, qui leur fournissent à crédit les bœufs et les moutons dont ils ont besoin, pour les leur racheter après engraissement par exemple. On ouvre à ces malheureux un véritable compte-courant où la marchandise est cotée au doit et à l'avoir, c'est-à-dire à la vente et à l'achat, un prix de fantaisie : c'est souvent de l'argent placé à cent pour cent et plus. Si l'intérêt de l'argent était libre, de pareils faits seraient de plus en plus rares, car le cultivateur pauvre, mais offrant quelques garanties d'ordre et de moralité, trouverait, à 7 ou 8 pour 100, l'argent nécessaire pour payer comptant, et débattre ainsi librement le prix de ses achats et de ses ventes. Que d'exemples pourrais-je citer dans cet ordre de faits !

Et si l'on passe en revue les fraudes directes qui se commettent tous les jours, et que la loi peut difficilement atteindre, la perspective s'élargit encore plus. M. Cassal, en 1850, après avoir cité des exemples des nombreux subterfuges auxquels on avait recours en Alsace pour dissimuler l'usure, ajoute : « Ces hommes qui exploitent ainsi nos campagnes se sont divisé le territoire : chacun a son triage, sa portion à exploiter, et il est rare qu'un autre se permette d'y aller faire des affaires. Vous comprenez dès-lors qu'ils connaissent parfaitement la valeur des propriétés, mieux que les paysans eux-mêmes. Il peut y avoir ainsi des usures de cent, de deux cents pour cent, sans que la loi ait absolument rien à y voir. » En face de ce sombre tableau, faisant même la part de l'exagération, on peut dire qu'il y a là une véritable organisation de l'usure. Et cependant, malgré cela, M. Cassal ne pense pas qu'il faille encore ajouter à la sévérité de la loi. « Je connais assez, disait-il, l'usurier de nos campagnes pour appréhender que la loi (il s'agissait du projet de M. de Saint-Priest), au lieu de produire l'extinction de l'usure, ne produise peut-être l'effet contraire, en ce sens qu'elle fera resserrer les cordons des bourses et que tout crédit sera fermé. »

Et si l'on rapproche la loi limitative de l'intérêt de celles qui ont suivi, et créé de véritables priviléges, ne trouve-t-on pas que le législateur a deux poids et deux mesures? Vérité au-delà, erreur en deçà? La Banque de France, depuis la loi de 1857, ne peut-elle pas élever indéfiniment le taux de son escompte? Nous l'avons vu depuis peu atteindre 7 et 8 pour cent. Et les Monts-de-piété qui sont administrés sous la surveillance de l'État, ne prêtent-ils pas à 9 et 10 pour cent à Paris? Et dans les provinces ce chiffre n'est-il point dépassé? Et le Crédit foncier, cette institution de l'Empire créée pour venir en aide à la propriété foncière et qui n'a servi principalement qu'à renouveler le vieux Paris avec une précipitation vertigineuse, tant cela importait à la gloire de César, et a failli s'abîmer enfin avec son satellite, le Crédit agricole, dans le gouffre des emprunts du Khédive, de ces emprunts aussi mystérieux que les sphinx qui semblent garder l'entrée des Pyramides et des anciens temples de l'Égypte; le Crédit foncier, dis-je ne prête-t-il pas, lui aussi, à un taux usuraire? Nous savons tous qu'au sortir de la déplorable guerre de 1870-1871, les emprunteurs ne touchaient qu'environ 85 pour cent du capital prêté par cet établissement, après déduction des frais et de la perte qu'entraînait la négociation des lettres de gage, ce qui ne les dispensait pas de payer encore la commission annuelle s'ajoutant à l'intérêt et à l'amortissement. Et sans parler des emprunts-loteries et autres, autorisés par des lois spéciales; l'État lui-même, lors qu'il a recours au Crédit, dans des circonstances difficiles, n'emprunte-t-il pas à usure? Je ne rappellerai pas les emprunts qui ont suivi la dernière guerre, ils sont encore présents à la mémoire de tous. Ainsi, je souscris à des emprunts publics rapportant un intérêt de 6 pour cent et plus, je ne suis pas un usurier, et si au moment même où le crédit de l'État est affecté par une crise aiguë dont les conséquences atteignent les particuliers en même temps que le Gouvernement, je viens au secours de plusieurs de mes amis en leur prêtant à 6 pour cent quelques milliers de francs, que je retire de la négociation de titres vendus en grande baisse, ce qui est pour ma bourse un véritable sacrifice, je tombe sous le coup des lois répressives, je puis être condamné à une forte amende, à la prison même, et par une conséquence naturelle et logique je serai mis au ban de l'opinion publique habituée à respecter les arrêts de la Justice jusque dans l'application des lois les plus mauvaises. Je n'insiste pas sur des contradictions aussi choquantes.

Est-ce que tous les jours les compagnies de chemins de fer, les villes, les sociétés industrielles, aussi bien en France qu'à l'étranger, ne sollicitent pas l'épargne, souvent trop confiante du pays, et ne cherchent pas à l'attirer par la promesse d'intérêts usuraires? Et les emprunts hypothécaires eux-mêmes ne dépassent-ils pas toujours le taux de la loi? Je ne crois pas me tromper en disant que le taux varie en moyenne entre 5 et demi et 6 pour cent; je connais des emprunts réalisés par acte de mon ministère, lorsque j'étais notaire, qui, à raison de leur peu d'importance et de la faible durée de l'obligation, ne comportaient pas un intérêt moindre de 8 pour cent. A la Bourse où s'échangent des quantités considérables de rentes, actions de chemins de fer, valeurs de crédit, obligations diverses, les capitalistes ne s'engagent-ils pas tous les jours dans des placements usuraires? On peut, en achetant des rentes espagnoles, ou des valeurs à turban, ou des actions de Compagnies plus ou moins perdues dans les brumes de la fantaisie souvent la plus grotesque, retirer de son argent depuis 10 jusqu'à 20 pour cent et plus, quand on ne perd pas, il est vrai, revenu et capital en même temps; et malgré cette liberté illimitée, nous trouvons le plus souvent des capitalistes prudents qui préfèrent 4 pour cent en rentes françaises, ou en obligations de nos grandes Compagnies, à un intérêt plus rémunérateur, parce que les leçons de l'expérience leur ont appris, qu'en thèse générale, la sécurité diminue en raison directe de l'élévation du revenu. Et puisque nous sommes sous les colonnades de la Bourse, qu'est-ce donc que ces opérations qui ont lieu tous les mois ou tous les quinze jours, suivant la nature des valeurs, et que l'on désigne sous le nom de reports? Ce sont des prêts sur nantissement dont l'intérêt varie dans l'espace de plusieurs heures, à chaque minute, à chaque seconde, et peut être porté à un taux tout-à-fait usuraire, comme il peut être ramené à un chiffre très-bas, presque insignifiant. Je sais bien qu'en droit les avis sont partagés sur la nature du report; mais toutes les controverses de doctrine ne feront pas que, dans la pratique de nos mœurs financières, le report ne soit un véritable prêt sur gage.

Pourquoi donc méconnaître, lorsqu'il s'agit d'emprunts consentis directement entre deux individus, cette grande loi de l'offre et de la demande qui est la régulatrice des affaires de bourse, lesquelles (je ne parle que des opérations au comptant) se résument toujours dans un prêt plus ou moins heureux, c'est-à-dire à revenu plus ou moins élevé. Et cette loi de la concurrence domine toutes les transactions mobilières et immobilières dont sont susceptibles les éléments si variés qui constituent la richesse dans nos deux hémisphères. Nous en trouvons un exemple éclatant dans la dépréciation que le métal argent subissait il y a quelques mois; il perdait à un moment donné 25 pour

cent de sa valeur. Cet avilissement de la marchandise, argent a
eu du retentissement jusque dans les sphères gouvernementales,
la question a été portée à la tribune du Sénat; des discussions
très-vives se sont élevées dans la presse aussi bien à l'étranger
qu'en France, au sujet de l'influence que ces fluctuations sou-
daines pouvaient avoir sur le double étalon monétaire. Aujour-
d'hui que la perte se trouve ramenée à 4 et 5 pour cent, c'est-
à-dire à un taux normal, par le libre jeu de l'offre et de la
demande, ne peut-on pas dire que la force des choses a produit ce résultat bien mieux que ne l'aurait fait aucune loi,
aucun décret? L'homme ne peut pas plus réglementer la concurrence qu'il ne peut commander aux flots de la mer, apaiser ou
soulever les tempêtes.

Si l'intérêt de l'argent est aujourd'hui moins élevé qu'aux premiers temps de l'histoire, c'est parce que les capitaux accumulés
par le travail des générations successives se sont multipliés à
l'infini, et que plus une marchandise est abondante, plus elle
s'offre à bon marché; quand je parle de capitaux, j'entends par
là toutes les manifestations de la richesse, car l'or et l'argent
ne sont qu'une faible partie de la richesse générale, et ces métaux précieux peuvent se trouver en petite quantité chez un
peuple, et s'offrir néanmoins à un prix peu élevé; ce phénomène
se produit notamment au sein des nations où le développement
du commerce et de l'industrie a pris de grandes proportions, et
où, par suite, la monnaie fiduciaire joue un rôle important.

Ne contrarions donc point les lois naturelles auxquelles sont
soumises les transactions financières. Je dirai comme l'honorable
M. Jules Le Cesne, il y a quelques jours, à la tribune de la
Chambre basse : « Il en est de l'argent comme des tempéraments, il en est d'aventureux comme il en est de prudents et de
réservés. Eh bien, dans cette masse de capitaux en quête d'emploi, il en est une portion qui voudra tenter l'aventure des gros
intérêts; retenons-la dans notre pays, ou bien elle prendra la
route bien autrement dangereuse du Honduras, d'Égypte ou de

Turquie. Faites au capital français le champ libre et ouvert, et il ne désertera pas à l'étranger, quand notre initiative et notre intelligence peuvent l'absorber au plus grand profit du pays. »

Nous avons vu que dans l'ancienne Rome l'intérêt avait augmenté en raison surtout de la sévérité des lois qui en contrariaient la libre stipulation ; qu'en France et en Italie, au moyen-âge, les mêmes causes avaient produit les mêmes effets ; si nous arrivons à celles des sociétés modernes qui ont dû apporter de sages tempéraments à la rigueur des anciennes lois répressives, nous trouvons des résultats opposés. Gênes, Venise, Florence, la Hollande, l'Angleterre, et à des époques plus rapprochées, le Portugal, l'Allemagne, l'Amérique, l'Italie, certains cantons de de la Suisse nous fournissent des exemples devant lesquels l'esprit le plus rebelle est obligé de s'incliner. La Hollande, au dix-septième siècle, malgré la guerre qui a toujours pour conséquence de raréfier l'argent, empruntait à 4 pour cent. L'Angleterre, vers le milieu du dix-huitième siècle, avait vu l'intérêt pour les affaires courantes s'abaisser à 3 pour cent, lorsqu'en France il n'était pas moindre de 10 pour cent. Et les Génois et les Lombards, n'étaient-ils pas au seizième siècle les banquiers de l'Europe ? Ils laissaient loin derrière eux le Juif cosmopolite qui n'était plus vis-à-vis de ces hardis trafiquants qu'un prêteur à la petite semaine.

Je ne ferai point ici l'historique des modifications successives que subirent les lois relatives à l'intérêt chez les divers peuples dont je viens de parler, mais je ne puis m'empêcher de citer les résolutions célèbres prises par la Chambre des communes en Angleterre en 1818, lesquelles paraissent avoir été le point de départ des changements opérés au sein d'une nation qui a toujours mis sa principale gloire à étendre et développer son commerce. Voici le texte de ces résolutions bien connues du reste :

« 1° C'est l'opinion du Comité que les lois qui limitent ou règlent le taux de l'intérêt ont été éludées sur la plus grande échelle, et qu'elles n'ont pas atteint le but que l'on se proposait en fixant un maximum; que dans les années qui viennent de s'écouler, le taux réel de l'intérêt ayant constamment excédé sur le marché le taux fixé par la loi, la législation n'a fait qu'aggraver les dépenses supportées par les emprunteurs qui avaient cependant de bonnes garanties à offrir ; que ces emprunteurs se sont vus contraints de recourir au système des annuités viagères, système imaginé pour masquer un intérêt supérieur à l'intérêt légal, et qu'en définitive ceux qui avaient à emprunter, ont dû tantôt supporter des frais considérables, tantôt vendre des propriétés à des prix onéreux.

« 2° C'est l'opinion du Comité que les lois sur l'usure, appliquées aux transactions du commerce, tel que le commerce se pratique aujourd'hui, ont jeté une grande incertitude sur la légalité des transactions les plus fréquemment usitées, et qu'elles ont par conséquent amené beaucoup d'embarras et de procès.

« 3° C'est l'opinion du Comité, que la période commerciale actuelle, grâce aux circonstances qui font que le taux commercial de l'intérêt se trouve inférieur au taux légal, présente l'occasion la plus favorable pour abroger les dites lois. »

Aussi, en 1819, l'acte de Georges III décida qu'une lettre de change ou un billet à ordre qui pourrait être déclaré nul pour cause d'usure serait valable dans les mains d'un possesseur de bonne foi. Plus tard, en 1833, lorsque fut renouvelé le privilége de la Banque d'Angleterre, on abrogea les lois sur l'usure applicables aux lettres de change et aux billets à ordre, à trois mois d'échéance et au-dessous. Enfin, l'acte de la première année du règne de Victoria étendit cette mesure libérale aux lettres de change et aux billets à ordre dont l'échéance ne dépassait pas une année, et l'acte de la troisième année du même règne généralisa encore plus, en soumettant seulement à l'autorité des lois restrictives les emprunts hypothécaires et les prêts mobiliers au-dessous de 10 livres sterling. Ce qui a fait dire à Léon Faucher, dans son remarquable article sur l'intérêt, auquel j'ai emprunté les renseignements qui précèdent relatifs aux changements successifs qu'a subis la législation anglaise (1) : « Il en résulte que la propriété foncière paie l'argent dont elle a besoin plus cher que le prix courant du marché, et qu'elle ne jouit pas des mêmes avantages que le commerce et l'industrie ; une pareille inégalité devant la loi ne saurait subsister longtemps, nous conseillons au chancelier de l'échiquier de la mettre au nombre des charges dont il convient de dégrever la propriété foncière. »

Et quelles ont été les conséquences de ces modifications qui ont successivement élargi le cercle de la libre négociation de l'argent? Le 13 mai 1841, la Cour des directeurs de la banque d'Angleterre nous l'apprend dans une de ses réunions : « Résolu, dit-elle, que la modification des lois sur l'usure a grandement contribué à faciliter les opérations de la banque, et qu'elle est indispensable au mouvement de la circulation..... » « Le Parlement de son côté, dit Léon Faucher, voulut se rendre compte des fruits bons ou mauvais que l'abrogation partielle des lois sur l'usure avait portés. La Chambre des Lords se livra dans le cours de l'année 1841 à une enquête dont les procès-verbaux publiés en 1845 jettent sur la question de vives lumières, et il ajoute : Un économiste distingué, M. Norman, après avoir rappelé que la banque d'Angleterre, grâce à la liberté de l'intérêt, avait successivement fixé le taux de l'escompte, en suivant les variations du marché le 21 Juillet 1836 de 4 à 4 1/2 pour cent, le 1er Septembre de la même année à 5 pour cent, le 20 Juin 1839 à 5 1/2 pour cent, et le 1er Août de la même année à 6 pour cent, termina sa déposition en ces termes : « J'ai toujours considéré avec « surprise et avec admiration la fermeté avec laquelle a été sup-« portée en Angleterre la crise commerciale de 1839. Cette crise « ébranla toutes les fortunes, et cependant l'on n'eut à regretter « qu'un petit nombre de faillites de quelque importance. Quand

_(1) Voir l'article _Intérêts,_ de Léon Faucher, tome I du _Dictionnaire de l'économie politique._

« je compare un résultat aussi consolant avec les désastres qui
« avaient éclaté en 1826, dans des circonstances semblables, je
« ne puis m'empêcher d'attribuer dans une certaine mesure notre
« bonne situation à la loi qui permet aux capitaux disponibles
« de refluer vers les marchés où ils sont le plus nécessaires et
« où ils doivent trouver la plus forte rémunération. »

Je m'arrête dans cette voie des citations que je pourrais par-
courir plus longuement, et je reste de plus en plus surpris,
qu'en France, malgré les enquêtes, les avis favorables de
chambres de notaire, de chambres de commerce, malgré les discussions qui se sont produites au grand jour de la tribune, nous
soyons encore prosternés devant ce fétiche qu'on appelle la loi
de 1807. Je constate d'ailleurs que le principe de la liberté n'a
plus à l'heure qu'il est qu'un petit nombre de contradicteurs ;
ainsi il y a quelques jours l'honorable rapporteur du projet de
loi de M. Truelle semblait abandonner le fond même du débat
pour se retrancher uniquement derrière la question d'opportunité ; seulement le terrain sur lequel il engageait sa bataille
n'était pas plus solide que celui qu'il avait voulu éviter. Je
toucherai seulement en passant cette question d'opportunité qui
va bientôt s'éclairer à la tribune des lumières de ceux de nos
honorables mandataires rompus aux questions financières.

L'état de l'Europe, a-t-on dit, est précaire ; c'est vrai, il est
malheureusement trop vrai que le vieux continent s'épuise en
armements formidables, se ruine en dépenses improductives ;
l'équilibre indispensable à la paix des nations n'existe pas ; mais
en quoi cette situation instable de l'Europe peut-elle nous empêcher de réaliser chez nous des améliorations reconnues nécessaires ? Il y aura toujours quelques nuages à l'horizon de la
politique européenne ; est-ce une raison pour redouter à chaque
instant l'explosion de la foudre ? Et, au surplus, à l'heure présente, l'opinion publique en France se prononce énergiquement
pour la paix, nous ne pensons qu'à réparer les brèches faites à la
fortune privée et à la fortune publique par de récents désastres.

On a encore invoqué le cours forcé des billets de la Banque de France; mais que signifie le cours forcé, lorsque la Banque a dans ses succursales et à Paris, en argent monnayé et lingots, deux milliards deux cents millions, pour faire face à une circulation de deux milliards six cents millions? C'est assurément le plus faible des arguments qu'on puisse produire, ce n'est même point sérieux. Si nous consultons un instant la cote de la Bourse, nous voyons que les bonnes valeurs telles que la rente, les actions et les obligations des grandes Compagnies qui ont subi l'épreuve du temps et de l'expérience s'élèvent, tous les jours, et que leur revenu, par suite, s'abaisse sans cesse; c'est la preuve la plus irréfragable de l'abondance, je dirai plus, de l'exubérance de l'argent. Et le taux de l'escompte ne se maintient-il pas imperturbablement à un prix très-bas? La Banque de France ne trouve même plus de matière escomptable, les institutions de crédit reçoivent des dépôts à 1 et 1 1/2 pour cent. N'est-ce point là une situation extrêmement favorable? A moins qu'on ne prétende, comme on a voulu l'insinuer en 1836, qu'il n'y a point de raison de proclamer la liberté de l'intérêt puisque le taux courant n'atteint point la limite posée par la loi, et que, par suite, l'abolition des mesures restrictives ne pourrait que favoriser les usuriers; prétention qui serait tout simplement absurde.

Je ne vois qu'une seule raison que l'on pourrait invoquer en faveur d'un nouvel ajournement, raison, je m'empresse de le dire, plus apparente que réelle; la voici : le Gouvernement de la République dont nous faisons l'essai, s'il s'implante tous les jours de plus en plus profondément dans le cœur de la France, a encore besoin de certains ménagements. Il ne faut pas l'exposer à des vents trop arides. Or, le jour où, on supprimera, la loi de 1807, et où le prêt sera libre, les abus qui existent aujourd'hui ne seront pas éteints comme par enchantement. On peut rayer une loi de nos Codes, comme on peut en faire une nouvelle, dans une séance de Chambre législative; mais il n'appartient pas plus au législateur de faire pénétrer l'esprit de la

loi nouvelle dans les mœurs intimes du pays, que de faire
disparaître, tout d'un coup, les préjugés, les habitudes qu'une
ancienne loi a engendrés; c'est l'œuvre du temps auquel nulle
autorité ne peut se substituer. Ceux donc qui, aveuglés par
l'esprit de parti, ont juré la perte de la République, ne man-
queront pas d'exploiter contre elle, par tous les moyens de
publicité dont ils disposent, les quelques abus qui survivront
nécessairement à l'abolition de la loi de 1807; voilà à mes yeux
le seul motif susceptible d'arrêter le législateur sur la pente de
la liberté illimitée; mais cette raison, comme je l'ai dit, est plus
apparente que sérieuse; car à quoi se réduirait le rôle du
législateur de la République, s'il se laissait guider à chaque
instant par la crainte de voir dénaturer ses meilleures inten-
tions? Ne pourrait-on pas continuer à dire sous le Gouvernement actuel, ce qu'on a répété depuis trop longtemps, que
tout en France finit par des chansons? Non : la majorité des
deux Chambres saura négliger les petits côtés, pour ne tendre
qu'aux grands résultats; et le jour est proche, il faut l'espérer,
où l'on dira qu'en France tout finit non plus par des chansons,
mais par de bonnes lois.

III.

LA LOI DU 3-13 SEPTEMBRE 1807
ET LA JURISPRUDENCE.

Vingt ans environ avant la Révolution de 1789, l'illustre Turgot avait entrepris de faire comprendre à son siècle que l'argent était une marchandise dont la vente et l'achat devaient avoir pour règle unique la libre convention des parties contractantes.

L'Assemblée constituante s'empara des idées du grand économiste et, par sa loi du 3-12 octobre 1789, consacra la légitimité du prêt à intérêt, mais elle n'osa point s'aventurer jusqu'à l'extrême limite de la théorie de Turgot. La loi du 3-12 octobre dispose que les prêts doivent être faits au taux fixé par la loi, mais sans entendre rien innover aux usages du commerce ; ainsi, à partir de cette époque, l'intérêt en matière civile est de 5 pour cent, qui est le taux légal ; en matière de commerce, les usages font la loi des parties. Je passe sur les mesures contradictoires de la Convention qui n'avait guère à se préoccuper des principes pouvant dominer les transactions d'argent, puisque le métal précieux avait à peu près disparu, et qui ne faisait que se débattre, au hasard des inspirations de chaque jour, contre la dépréciation toujours croissante des assignats ; et j'arrive à la discussion du Code civil, en l'année 1804.

L'article du projet était ainsi conçu :

« Le taux de l'intérêt est déterminé par des lois particulières.

« L'intérêt qui aura été stipulé à un taux plus fort, sera réduit conformément à la loi.

« Si l'intérêt a été payé au-dessus du taux légitime, l'excédant sera imputé, année par année, sur le capital qui sera réduit d'autant.

« Ces dispositions ne s'appliquent pas aux négociations commerciales. »

Ainsi les rédacteurs du projet avaient admis les principes posés par l'Assemblée constituante. En matière civile, c'est le législateur qui détermine le taux de l'intérêt; en matière commerciale, les usages tiendront lieu de loi.

Lorsque la discussion fut portée au Conseil d'État, Regnaul (de Saint-Jean-d'Angely), rallié complétement aux idées d Turgot, émit l'avis que le législateur ne devait pas intervenir Treilhard et Bérenger appuyèrent cette opinion. « Cet article dit Regnault, décide une question depuis longtemps contro versée : celle de savoir si la loi doit fixer le taux de l'intérêt, e si les particuliers ne peuvent, dans leurs stipulations, l'éleve plus haut. L'affirmative a certainement des avantages, mais ell n'est pas sans inconvénients. C'en est un d'abord que de por une loi qui sera éludée au gré des parties, car il serait facile d masquer là stipulation d'un intérêt excédant le taux que la l aurait fixé. C'est un autre inconvénient, non moins fâcheux, q de mettre le système de la législation en contradiction avec système administratif, de lier les particuliers dans leurs nég ciations à une règle dont le gouvernement sera forcé de s'éca ter dans les siennes. On ne pourra, par exemple, placer qu'à pour 100 sur les particuliers, tandis qu'on placera à 10 pour 1 sur l'État, en achetant des rentes à 54 ou à 55 pour 1 et en prenant des effets publics à 3/4 pour 100 par mois

Si je rapporte ici les observations du conseiller Regna c'est parce qu'aujourd'hui, c'est-à-dire après trois quarts siècle, elles n'ont rien perdu de leur vérité et de leur à-prop

Cambacérès, Tronchet, Malleville défendirent l'opinion contraire qui triompha, et donna lieu à une nouvelle rédaction de Tronchet amendée par Treilhard, ainsi conçue : « L'intérêt est légal ou conventionnel. L'intérêt légal est fixé par la loi. L'intérêt conventionnel peut excéder celui de la loi, toutes les fois que la loi ne le prohibe pas. Le taux de l'intérêt conventionnel doit être fixé par écrit. » Cette disposition n'est autre que notre article 1907 du Code civil.

Cette loi d'attente suscita des divergences assez graves parmi les magistrats chargés de l'appliquer, on sentit donc bientôt la nécessité de la compléter. Mais quel devait être le caractère de la loi complémentaire ? Tronchet, qui avait combattu les idées de Regnault, avait reconnu néanmoins, « que la loi qui devait se régler sur les circonstances qui changent et qui varient, ne pouvait être invariable. » C'est pourquoi il avait laissé une porte ouverte au législateur, pour prendre une détermination conforme à l'état apparent du marché des capitaux. « C'était au législateur à voir, dit Troplong, sous l'influence de la situation présente, ce qu'il y avait à faire par une disposition spéciale, *plus administrative que civile*, et dépourvue du caractère d'immutabilité qui est l'apanage du Code civil. » J'insiste sur ce point qui est important. Le législateur de 1807 a donc fait une loi de circonstance, prenant en considération les besoins de l'industrie et les ressources de la société de cette époque, et si on lui avait prédit, que cette loi qui n'avait son principe et sa base que dans une situation essentiellement mobile et changeante, subsisterait encore en 1877, il n'aurait accueilli cette prophétie, j'en suis sûr, que par un sourire d'incrédulité.

Voici le texte de cette loi qui s'est perpétuée jusqu'à nos jours, malgré son caractère transitoire.

« ARTICLE 1er. — L'intérêt conventionnel ne pourra excéder en matière civile 5 pour 100, ni en matière de commerce 6 pour 100, le tout sans retenue.

« ARTICLE 2°. — L'intérêt légal sera en matière civile de 5 pour 100, et en matière de commerce de 6 pour 100, aussi sans retenue;

« ARTICLE 3°. — Lorsqu'il sera prouvé que le prêt conventionnel a été fait à un taux excédant celui qui est fixé par l'article 1er, le prêteur sera condamné par le tribunal, saisi de la contestation, à restituer cet excédant, s'il l'a reçu, ou à souffrir la réduction sur le capital de la créance, et pourra même être renvoyé, s'il y a lieu, devant le tribunal correctionnel, pour y être jugé conformément à l'article suivant.

« ARTICLE 4°. — Tout individu qui sera prévenu de se livrer habituellement à l'usure, sera traduit devant le tribunal correctionnel, et, en cas de conviction, condamné à une amende qui ne pourra excéder la moitié des capitaux qn'il aura prêtés à usure. S'il résulte de la procédure qu'il y a eu escroquerie de la part du prêteur, il sera condamné, outre l'amende ci-dessus, à un emprisonnnement qui ne pourra excéder deux ans. »

La loi de 1807 crée donc un nouveau délit, le délit d'usure ; mais qu'est-ce que l'usure ? L'usure, comme le dit Bentham, n'est point susceptible de définition. Vous prêtez à 6 pour 100, vous êtes ou vous n'êtes pas un usurier selon que vos emprunteurs sont ou ne sont point commerçants, et si vous ne prêtez qu'une fois à 20 pour 100, vous n'êtes point du tout usurier ; un acte légitime en soi devient un acte coupable par la seule force de certaines circonstances extérieures. Et puis, quand prête-t-on au taux légal ? Quand prête-t-on au-dessus du taux légal ? Nous avons vu que la moyenne de l'intérêt en matière de prêts hypothécaires, même entre non commerçants, pouvait s'élever de 5 1/2 à 6 pour 100, que certains emprunts n'étaient pas faits à moins de 8 pour 100 ; y a-t-il usure dans ce cas ? Si un non commerçant prête à un commerçant, pourra-t-il stipuler un intérêt de 6 pour 100 ? Et si un banquier, par exemple, prête à un non commerçant, à quel taux pourra-t-il donner son argent ? Toutes questions laissées à l'appréciation ou plutôt à l'arbitraire des magistrats.

J'arrive rapidement aux opérations de banque; ces opérations comprennent le compte-courant et l'escompte, je ne parle pas de la haute banque, qui ne vit que d'usures gigantesques. En matière de compte-courant, la loi est formelle, le taux de 6 pour 100 ne peut être dépassé, et cependant, lorsque la Banque de France, la régulatrice de l'intérêt, l'immense réservoir auquel vont puiser les maisons de banque, élève le taux de ses escomptes à 7 ou 8 pour 100, les banquiers fermeront-ils leur caisse? Non ; mais ils se rendront passibles du délit d'usure : nous savons que la jurisprudence des tribunaux, tenant compte de la force des choses, les en affranchit, mais la loi est violée par ceux-là même qui sont chargés de l'appliquer; ce n'est pas douteux, encore de l'arbitraire. Et les commissions, et les jours de caisse que le banquier réclame pour s'indemniser de ses frais généraux, de ses soins et de ses risques, tout cela ne représente-t-il pas un intérêt supplémentaire qui, s'ajoutant au taux de 6 pour 100, constitue une perception usuraire? La jurisprudence des tribunaux, tenant compte toujours de la force des choses, admet, je le veux bien, la commission, les jours de caisse, mais c'est encore une violation de la loi, toujours de l'arbitraire; et cette jurisprudence va plus loin, elle se rend juge du quantum. Tel tribunal accorde une commission de 1/8, tel autre une commission de 1/4, de 1/2, certains tribunaux accordent une commission sur le report du compte-courant tous les trois mois ou tous les six mois, les autres la refusent; et sur quoi peuvent-ils donc s'appuyer pour se permettre de réviser ainsi les opérations commerciales malgré les conventions intervenues entre les parties? Est-ce sur les usages? Mais la loi de 1807, je l'ai suffisamment démontré, a eu pour but de remplacer les usages du commerce. Est-ce sur la loi de 1807 ? Mais elle a posé des limites que les juges ne peuvent franchir sans se substituer à elle; encore et toujours de l'arbitraire,

Et l'escompte, qu'est-ce que l'escompte? C'est une opération au moyen de laquelle un banquier fournit comptant une somme payable à terme, ou même à vue dans une localité autre que celle où l'opération a lieu; cette somme est représentée par une valeur qui est ou un billet à ordre, ou un simple mandat, ou une lettre de change; le banquier paie cette somme immédiatement sous la déduction de l'intérêt, des frais de commission et de change. Mais quelle est la nature de ce contrat? Est-ce une cession de créance? Est-ce un simple prêt? La doctrine est divisée sur cette importante question, les tribunaux ont aussi rendu des décisions différentes. Enfin la jurisprudence actuelle reconnaît à l'escompte le caractère de transport de créance ; suivant elle, c'est une vente à forfait, à prix débattu, mais, s'autorisant de la loi de 1807 qui est d'ordre public, elle décide en même temps que les tribunaux qui ont à connaître d'une opération d'escompte, peuvent toujours rechercher si, malgré le contrat intervenu entre les parties, l'escompte ne cache pas une perception usuraire. Je ne fatiguerai pas le lecteur par des citations de jugements et arrêts, plusieurs volumes ne suffiraient pas à rapporter, même seulement les plus importantes de ces décisions judiciaires, qui se contredisent du reste assez souvent, et forment un véritable dédale à travers lequel l'avocat le plus expérimenté n'est point certain de ne pas s'égarer lui-même. Mais voilà bien l'état de la jurisprudence d'aujourd'hui, qui pourra changer demain, il est vrai (1). Ainsi donc un banquier ouvre un compte-courant à un client, mais, au lieu de recevoir ses valeurs en couverture, il convient avec lui que chaque valeur sera escomptée pour son produit net; ou bien, il escompte purement et simplement, contre des espèces réellement comptées à ses guichets, les bordereaux qui lui sont présentés. Eh bien! dans les deux cas, malgré le principe reconnu de la cession de créance, les tribunaux se réservent de décider qu'il y a escompte ou qu'il n'y a pas escompte.

(1) Voir Recueil de Dalloz : *Prêts à intérêts*, n°s 227 et suivants.

Et, je vous le demande, sur quelle base assoieront-ils leurs décisions? Un bordereau d'escompte comprend d'abord l'intérêt, ensuite la commission et le change; l'intérêt ne dépasse jamais
6 pour 100 bien entendu ; je laisse le change de côté, mais, si
vous admettez que l'escompte n'est qu'un transport de créance
à prix débattu, il faut bien reconnaître en même temps que la
commission représente surtout les risques de l'opération. Or, qui
peut en être juge, si ce n'est celui qui livre son argent? Est-ce
en consultant les usages de la place, comme cela se pratique souvent en pareil cas, que les magistrats trouveront la juste mesure?
Les tribunaux, il faut l'avouer, en s'arrogeant de pareilles préro-
gatives, ont atteint l'extrême limite de l'arbitraire. C'est l'anarchie
dans l'administration de la justice.

Si les magistrats, au lieu d'empiéter sur le domaine du législateur, au lieu de se substituer à la loi, l'avaient appliquée, quelque
rigoureuse qu'elle pût être, que serait-il arrivé ? Les affaires auraient éprouvé un trouble momentané, mais des réclamations
se seraient élevées de tous les coins de la France avec une telle
énergie et une telle puissance que la loi de 1807, qui n'a jamais
été, comme je l'ai prouvé, qu'une œuvre de circonstance, après
avoir subi des modifications successives sans doute, aurait fini
par disparaître, comme ont peu à peu disparu chez plusieurs des
peuples qui nous entourent les anciennes lois restrictives, à la
grande satisfaction des générations actuelles.

Et comment voulez-vous que la masse du public, qui n'ira pas
rechercher assurément si la loi est défectueuse ou non, et ne se
rendra pas compte de la perplexité souvent très-grande du
magistrat, ne perde pas sa foi dans l'autorité de la chose jugée,
lorsqu'elle voit tous les jours que des situations exactement
semblables provoquent chez les juges des verdicts différents,
lorsqu'elle trouve que nos lois favorisent à chaque instant la
mauvaise foi, en permettant de se soustraire à l'exécution de
conventions librement consenties?

Je dirai donc au législateur : débarrassez-nous enfin des en-

traves qui gênent la libre circulation de l'argent ; tout vous y
convie : les principes qui régissent la matière, les enseignements
de l'histoire, l'expérience des temps modernes, les circonstances
de plus en plus favorables dues au développement considérable
de la richesse et qui rendent la transition facile, et ainsi vous
donnerez une satisfaction légitime non-seulement aux intérêts
privés, mais encore à la moralité publique.

TABLE DES MATIÈRES

13158. — Amiens. Imp. T. Jeunet.

www.ingramcontent.com/pod-product-compliance
Ingram Content Group UK Ltd.
Pitfield, Milton Keynes, MK11 3LW, UK
UKHW020943120726
13693UKWH00004B/1513